utb 5430

Eine Arbeitsgemeinschaft der Verlage

Böhlau Verlag · Wien · Köln · Weimar
Verlag Barbara Budrich · Opladen · Toronto
facultas · Wien
Wilhelm Fink · Paderborn
Narr Francke Attempto Verlag / expert verlag · Tübingen
Haupt Verlag · Bern
Verlag Julius Klinkhardt · Bad Heilbrunn
Mohr Siebeck · Tübingen
Ernst Reinhardt Verlag · München
Ferdinand Schöningh · Paderborn
transcript Verlag · Bielefeld
Eugen Ulmer Verlag · Stuttgart
UVK Verlag · München
Vandenhoeck & Ruprecht · Göttingen
Waxmann · Münster · New York
wbv Publikation · Bielefeld

Hans-Dieter König
Julia König
Jan Lohl
Sebastian Winter

Alfred Lorenzer zur Einführung

Psychoanalyse, Sozialisationstheorie und Tiefenhermeneutik

Verlag Barbara Budrich
Opladen & Toronto 2020

Die Autoren, die Autorin:

Prof. Dr. phil. Hans-Dieter König, Psychologischer Psychotherapeut und Psychoanalytiker in eigener Praxis, Dortmund; Professur für Soziologie an der Johann Wolfgang Goethe-Universität, Frankfurt am Main

Prof. Dr. Julia König, Professorin für Erziehungswissenschaft, Institut für Erziehungwissenschaft, Johannes Gutenberg-Universität Mainz

Prof. Dr. Jan Lohl, Professur für Erwachsenenbildung und Leiter des Institutes für Fort- und Weiterbildung, Institut für Fort- und Weiterbildung, Katholische Hochschule Mainz

Prof. Dr. Sebastian Winter, Verwaltung einer Professur für Heilpädagogik an der Leibniz Universität Hannover und Mitglied des Koordinationsteams der Arbeitsgemeinschaft Politische Psychologie, Leibniz Universität Hannover

Bibliografische Information der Deutschen Nationalbibliothek
Die Deutsche Nationalbibliothek verzeichnet diese Publikation in der Deutschen Nationalbibliografie; detaillierte bibliografische Daten sind im Internet über https://portal.dnb.de abrufbar.

Gedruckt auf säurefreiem und alterungsbeständigem Papier.

www.budrich.de

utb-Bandnr. **5430**
utb-ISBN **978-3-8252-5430-8**

Online-Angebote oder elektronische Ausgaben sind erhältlich unter www.utb-shop.de.

Satz: Anja Borkam, Jena – kontakt@lektorat-borkam.de
Umschlaggestaltung: Atelier Reichert, Stuttgart
Titelbildnachweis: Brigitte Friedrich / Süddeutsche Zeitung Photo
Druck und Bindung: Pustet, Regensburg
Printed in Germany

Inhalt

Einleitung 7

1. Psychoanalyse als kritisch-hermeneutische Erfahrungswissenschaft 11

2. Symboltheorie 39

3. Szenisches Verstehen 62

4. Materialistische Sozialisationstheorie 86

5. Tiefenhermeneutische Kulturanalyse 105

Literatur 131

Anhang 145

Angaben zu der Autorin und den Autoren 165

Einleitung

Das vorliegende Buch führt in das wissenschaftliche Werk Alfred Lorenzers ein, das sich vor allem aus zwei Gründen als besonders originell erweist. Auf der einen Seite spielt Lorenzer die vier Modelle der Psychoanalyse – Triebtheorie, Ichpsychologie, Objektbeziehungstheorie, Narzissmustheorie – nicht gegeneinander aus, sondern integriert sie auf der Grundlage eines sozialwissenschaftlichen Verständnisses der Freud'schen Konzepte. Auf der anderen Seite hat er aus der Psychoanalyse eine Methode qualitativ-interpretativer Forschung entwickelt, die eine Pionierarbeit für die empirische analytische Sozialpsychologie darstellt.

Wenn man sein Werk überblickt, dann kann man davon sprechen, dass Lorenzer seine theoretischen Modelle in drei Forschungsetappen entwickelt hat:

1) In der Untersuchung der methodologischen Frage, was Psychoanalytiker_innen in der psychotherapeutischen Praxis eigentlich machen, erkannte Lorenzer (1970b) die Besonderheit dieser Methode des Verstehens. Das von ihm so bezeichnete »szenische Verstehen« beinhaltet, dass Analytiker_innen die Patient_innenmitteilungen auf ihr unbewusstes Erleben wirken lassen und sich diesen Prozess bewusst machen, um die unbewussten Erlebnisfiguren zu enträtseln, die den Symptomen zugrunde liegen und deren Aufdeckung und emotionale Verarbeitung heilsam wirken.

2) Da die Konzepte der Psychoanalyse der bürgerlichen Gesellschaft am Übergang vom 19. zum 20. Jahrhundert verhaftet sind und daher teilweise psychologistische, biologistische und familialistische Vorurteile so selbstverständlich reproduzieren, wie sie auch die soziale und historische Vermitteltheit der psychischen Prozesse begrifflich nicht fassen, hat Lorenzer die von Freud in einer szientistischen Wissenschaftssprache verfassten Kategorien der psychoanalytischen Entwicklungs- und Sprachtheorie in eine historisch-materialistische Sozialisationstheorie übersetzt.

3) Die psychoanalytische Erklärung kultureller und sozialer Phänomene hat allzu oft in die Sackgasse der Psychologisierung

und Pathologisierung geführt. Den Irrtümern einer solchen wilden Psychoanalyse entgegen geht die von Lorenzer (1986) entwickelte tiefenhermeneutische Kulturanalyse von der methodologischen Reflexion aus, dass der jenseits der Couch gelegene Forschungsgegenstand nicht unter die Begriffe der klinischen Praxis subsumiert werden darf. Allerdings kann die Methode des szenischen Verstehens – sozialwissenschaftlich modifiziert – auf kulturelle und soziale Sinnzusammenhänge angewendet werden.

Im Zuge dieser sich in der Spannung zwischen Psychoanalyse und Gesellschaftstheorie entfaltenden Forschungen hat Lorenzer verschiedene, aufeinander bezogene Konzepte entwickelt, die in diesem Einführungsband erörtert werden. Zunächst wird das *methodologische Verständnis der Psychoanalyse* als einer kritisch-hermeneutischen Wissenschaft erörtert, die bewusste und unbewusste Sinnzusammenhänge und ihr spannungsreiches Verhältnis zueinander erschließt (Kapitel 1). Sodann wird in Auseinandersetzung mit dem Alltagsverstehen, in dem sowohl das logische wie auch das psychologische Verstehen praktiziert wird, die Eigenart des *szenischen Verstehens* beschrieben, das sich in der psychoanalytischen Praxis entfaltet (Kapitel 2). Anschließend wird Lorenzers an Ernst Cassirer und Susanne Langer anschließende *Symboltheorie* besprochen, welche die psychoanalytische Symboltheorie durch die Verbindung mit den in den Kultur- und Sozialwissenschaften herrschenden Symboltheorien reformuliert (Kapitel 3). Zudem wird die Eigenart der materialistischen *Sozialisationstheorie* erörtert, welche Freuds metapsychologische Konzepte des Triebes und des Unbewussten als sich in der psychischen Struktur niederschlagende Interaktionsformen reformuliert, die als der innere Niederschlag sozialer Interaktionen begriffen werden (Kapitel 4). Schließlich wird die Methodologie und Methode der *tiefenhermeneutischen Kulturanalyse* erörtert, welche die Bedeutung der sich in der Spannung zwischen einem manifesten und einem latenten Sinn entfaltenden kulturellen und sozialen Phänomene auf der Grundlage ihrer Wirkung auf eine Gruppe von Forschenden erschließt (Kapitel 5).

Das vorliegende Buch ist vor dem Hintergrund von Diskussionen in der *Forschungswerkstatt Tiefenhermeneutik* entstanden, die sich aus dem alljährlich an der Universität Magdeburg durchgeführten Methodenworkshop entwickelte und dreimal im Jahr in verschiedenen Städten in Deutschland, der Schweiz und Österreich tagt. Der vorliegende Text zur Einführung in Alfred Lorenzers Werk stellt das Gegenstück zu den unter den Titeln *Dichte Interpretation* (König, Burgermeister et al. 2019) und *Die Welt als Bühne mit doppeltem Boden* (König 2019b) veröffentlichten Sammelbänden zur Tiefenhermeneutik als qualitativer Forschung dar, die anhand unterschiedlicher Materialstudien und Interpretationen ins tiefenhermeneutische Interpretieren einführen.

Ganz herzlich danken wir Anastasia Dikapolzew, die mit viel Sorgfalt und Geduld einige von Lorenzer nicht genau belegte Stellen ausfindig gemacht sowie unsere Literaturangaben und die Literaturverzeichnisse überprüft und systematisiert hat. Angesichts ihres überraschenden Todes am 5. Juli 2019 gedenken wir ihrer in stiller Trauer.

Das Konzept des Buches und die verschiedenen Kapitel des Buches wurden auf der Grundlage gemeinsamer Diskussionen verfasst. Das Kapitel über das Wissenschaftsverständnis der Psychoanalyse haben Hans-Dieter und Julia König gemeinsam verfasst. Das zweite Kapitel zum szenischen Verstehen und das dritte Kapitel zur Symboltheorie hat Hans-Dieter König geschrieben. Das Kapitel über die materialistische Sozialisationstheorie hat Sebastian Winter zu Papier gebracht. Und das Kapitel über die tiefenhermeneutische Kulturanalyse stammt aus der Feder von Jan Lohl.

Frankfurt am Main, im März 2020

Hans-Dieter König, Julia König, Jan Lohl, Sebastian Winter

1. Psychoanalyse als kritisch-hermeneutische Erfahrungswissenschaft

Die methodologische Frage, auf welche Wahrheit die psychoanalytische Erkenntnis zielt, hat Alfred Lorenzer durch die Untersuchung der wissenschaftstheoretischen Frage nach dem logischen Status der Psychoanalyse bearbeitet.

Im folgenden Kapitel wird zunächst umrissen, inwiefern Freud die Psychoanalyse als eine Naturwissenschaft verstand, und wie er zugleich über die literarische Qualität seiner Krankengeschichten irritiert war. In Anschluss daran werden pointiert die zentralen Positionen in dem wissenschaftstheoretischen Streit um den logischen Status der Psychoanalyse nach Freud und die Debatte der 1970er Jahre umrissen, die sich darum drehten, ob die Psychoanalyse nun als Naturwissenschaft oder als Geisteswissenschaft zu verstehen sei. Schließlich wird nachgezeichnet, wie Lorenzer in diese Diskussion um den logischen Status der Psychoanalyse eingriff und die Psychoanalyse als eine kritisch-hermeneutische Erfahrungswissenschaft rekonstruierte, die als Theorie der subjektiven Strukturen das Gegenstück zur kritischen Gesellschaftstheorie darstellt.

1.1 Freuds Erstaunen über die literarische Qualität seiner Krankengeschichten. Zur Vorgeschichte des Streits um den logischen Status der Psychoanalyse

Zweifellos geht das Verständnis der Psychoanalyse als Naturwissenschaft auf Freud selbst zurück. So bemühte sich Freud, die durch seine klinische Arbeit gewonnenen Einsichten in das unbewusste Seelenleben seiner neurotischen Patient_innen trotz ihres lebensgeschichtlich dramatischen Inhalts in einer naturwissenschaftlichen Begrifflichkeit zu formulieren, die seiner medizinischen Ausbildung und seiner beruflichen Tätigkeit als Arzt entsprach. Seine strenge Orientierung an einer naturwissenschaftlichen Sprache zeugt zudem von seinem Kampf um die Anerkennung durch die zeitgenössische ›scientific community‹, die dem szientistischen Wissenschaftsverständnis des 19. Jahrhunderts verpflichtet war. Wie sehr Freud in diesem Kontext gegen erbitterte Widerstände zu kämpfen hatte,[1] illustriert auch die Kritik, die ihm im April 1896 nach einem Vortrag im Verein für Psychiatrie und Neurologie entgegenschlug. Zutiefst gekränkt berichtete Freud in einem auf den 24.4.1886 datierten Brief an seinen Freund Wilhelm Fließ, sein Vortrag habe »bei den Eseln eine eisige Aufnahme [gefunden] und von [Richard von] Krafft-Ebing die seltsame Beurteilung: ›Es klingt wie ein wissenschaftliches Märchen‹« (Freud 1986, S. 193). Freuds Selbsteinschätzung, der Grund für die eisige Ablehnung sei in seinen Thesen über das Sexuelle am Grunde der Hysterie und über die kindliche Sexualität zu suchen, die ein so großer Tabubruch gewesen seien, geht jedoch am Kern der Sache vorbei. Denn zu eben diesen Themen forschten schon andere Sexualwissenschaftler wie etwa Albert Moll oder auch der erwähnte Vorsitzende des Vereins, Richard von Krafft-Ebing selbst (vgl. Sigusch 2008, S. 265 f.; König 2020, S. 430 ff.). Wie unübersehbar Krafft-Ebings feindselige Ablehnung auch war, bemerkenswert ist doch seine

1 Erwähnen möchten wir an dieser Stelle, dass jene Widerstände nur einerseits – wie hier erörtert – mit der Konstitution und Beschaffenheit der Psychoanalyse an sich zusammenhängen. Ein zweiter Grund für die feindselige Ablehnung, gegen die Freud kämpfen musste, stellten die gesellschaftlichen Bedingungen im Wiener Fin de Siècle dar: Hier grassierte der Antisemitismus, offener noch seit dem Wahlsieg des Wiener Bürgermeisters Karl Lueger im Jahr 1895, der sich im Rahmen der von ihm gegründeten Christlichsozialen Partei für ein erklärtes antisemitisches Programm stark machte. Während dies als ein »betäubender Schlag« gegen alle Wiener Träger der liberalen Kultur erlebt wurde, beeinträchtigte dieses gesellschaftliche Klima in hohem Maße die Karrieren und Lebensumstände jüdischer Bürger_innen (vgl. Schorske 1982: 172 f.). So hatten jüdische Intellektuelle und Künstler_innen nicht erst seit der international mit Spannung verfolgten Pariser Dreyfus-Affäre mit antisemitischen Ressentiments zu rechnen; jüdischen Bürger_innen war der Weg in die Politik längst effektiv versperrt, und jüdische Wissenschaftler_innen hatten kaum Chancen auf Professuren, wie Freud später selbst in der Selbstdarstellung (Freud 1925d [1924]) reflektierte (vgl. Steinert 1989, S. 75).

inhaltliche Begründung, mit einem »wissenschaftlichen Märchen« konfrontiert worden zu sein.

Diese Einschätzung korrespondiert nämlich mit einer Beobachtung Freuds, der angesichts seines medizinischen Verständnisses der Psychoanalyse über den Charakter seiner Fallanalysen irritiert war, was er etwa im Kontext der Epikrise zur Krankengeschichte der Elisabeth von R. folgendermaßen formulierte:

> »Ich bin nicht immer Psychotherapeut gewesen, sondern bin bei Lokaldiagnosen und Elektroprognostik erzogen worden wie andere Neuropathologen, und es berührt mich selbst noch eigentümlich, daß die Krankengeschichten, die ich schreibe, wie Novellen zu lesen sind, und daß sie sozusagen des ernsten Gepräges der Wissenschaftlichkeit entbehren.« (Freud 1952 [1895], S. 227)

Eigentümlich berührt zeigte sich der Begründer der »Naturwissenschaft vom Seelischen« vom literarischen Charakter seiner Abhandlungen, die sich lesen, »wie man sie vom Dichter zu erhalten gewohnt ist« (ebd.). Diese Krankengeschichten befremdeten Freud, widersprachen sie doch dem strengen naturwissenschaftlichen Wissenschaftsideal, das er als Arzt und als Wissenschaftler in seiner Arbeit einzulösen suchte. Gleichzeitig fiel ihm aber auf, dass die Rekonstruktion der Leidenswege seiner Patient_innen als Lebensgeschichten etwas zum Vorschein brachte, was sich sonst dem (natur-)wissenschaftlichen Blick entzog: »Ich muss mich damit trösten, dass für dieses Ergebnis die Natur des Gegenstandes offenbar eher verantwortlich zu machen ist als meine Vorliebe« (ebd.).

Freuds verwunderte Bemerkung, dass seine Krankengeschichten wie Novellen zu lesen seien, ähnelt nun in der Tat der inhaltlichen Aussage von Krafft-Ebings Kritik, dass Freud Märchen erzähle: In Märchen wie in Novellen werden soziale Konflikte und das Leiden von Individuen unter sozialen Verhältnissen in eine literarische Sprache gefasst. Lorenzer spricht ganz in diesem Sinne davon, dass sich Freuds *szenischer* Blick (vgl. Kapitel 3) auf die in der ärztlichen Praxis erzählten Probleme seiner Patient_innen in seinen schriftlichen Arbeiten niedergeschlagen habe: So präsentierte Freud in seinen Krankengeschichten intime Konflikte als szenisch entfaltete Arrangements, in denen – tatsächlich wie in einer Novelle oder einem Märchen – »die innige Beziehung zwischen Leidensgeschichte und Krankheitssymptomen« (Freud 1952 [1895], S. 227) verdichtet dargestellt wurde. Hinzu kommt ein weiterer Aspekt, den Lorenzer (1984b) herausarbeitet: Nicht nur Freuds Wahrnehmung der Leidensgeschichten seiner Patient_innen unterscheide sich von den bis dato üblichen (seelen-)ärztlichen Gepflogenheiten, wie sie etwa seine Vorgänger Auguste Ambroise Liébault, Hippolyte Bernheim, Jean Martin Charcot oder Pierre Janet praktiziert hatten.

In dem Versuch, den ›Sinn der Symptome‹ als eine subjektiv sinnvolle Konstellation innerhalb der Leidensgeschichte einer Patient_in zu verstehen, entfernte sich Freud von der Haltung des allmächtigen ›Gottes in Weiß‹. Lorenzer erkennt in dieser Dezentrierung der Verfügungsgewalt des allmächtigen Arztes, in der Aufgabe der elitären Distanz des Naturforschers eine »Umkehr des Arzt-Patient-Verhältnisses« (ebd., S. 114). Denn Freud lässt sich wesentlich auf die Intimität der Gesprächssituation zwischen Analytiker_in und Patient_in ein. Dies zeigt bereits seine Preisgabe der Hypnose, die nur von mächtigen Expert_innen an Patient_innen gänzlich ohne Mitspracherecht im Prozess vorgenommen werden konnte, und deren Praxis der Manipulation Freud als unnötig erachtete. Zentral wurde für das psychoanalytische Verständnis stattdessen die Selbstdarstellung der Patient_in, mehr noch: die »*Selbstbestimmung* des Analysanden im Zusammenwirken mit dem Analytiker« (ebd., S. 135; vgl. auch Zaretsky 2006, S. 94 ff.).[2] In diesem Rahmen musste sich »das Verstehen«, so Lorenzer, »dem ›szenischen‹ Charakter des Erlebens anschmiegen« (Lorenzer 1984b, S. 124). Psychoanalyse war insofern von ihrem Beginn an keine Ereignisdiagnose, sondern wesentlich Erlebnisanalyse (vgl. ebd., S. 199) und zielte darauf, Trieb*wünsche* zu entschlüsseln, die aufgrund einer allzu weit gehenden Verdrängung neurotische Symptombildungen zur Folge hatten. Der Forschungsgegenstand der Psycho-

2 Die recht bekannt gewordene Psychoanalyse-Kritik Michel Foucaults hat genau diesen Punkt missverstanden – so kommt Foucault dazu, die Psychoanalyse auf eine säkularisierte Form der Pastoralmacht zu reduzieren, als eine Individualisierungsmatrix des modernen Staats (vgl. Foucault 1987, S. 249). Vgl. dazu Joel Whitebooks Untersuchung der in Foucaults Psychoanalysekritik virulenten »erratischen Sprünge« (Whitebook 1998, S. 505).

analyse ist daher nach Auffassung von Lorenzer weder ganz den Natur- noch ganz den Sozialwissenschaften zuzuschlagen: Ihr Gegenstand liegt vielmehr zwischen der Biologie, der Soziologie und der Medizin (vgl. Lorenzer 1986, S. 13 f.).

Bevor wir nun weiter ausführen, welche weiteren wissenschaftstheoretischen Schlüsse Lorenzer aus Freuds Verständnis der Psychoanalyse als Naturwissenschaft und seiner Einsicht in die literarische Qualität seiner Krankengeschichten zieht, möchten wir skizzieren, wie sich der Streit um den logischen Status der Psychoanalyse nach Freud entwickelte.

1.2 Der wissenschaftstheoretische Streit um die Psychoanalyse nach Freud

Da die Psychoanalyse als Therapiemethode zur Behandlung von Neurosen in der Medizin verankert wurde, setzte sich das naturwissenschaftliche Verständnis der Psychoanalyse auch in den folgenden Generationen fort. So betrachtete Freuds Zeitgenosse Heinz Hartmann (1927), der um die Anerkennung der Psychoanalyse als Wissenschaft in der akademischen Welt der Vereinigten Staaten kämpfte, die von Freud begründete Disziplin als eine »Naturwissenschaft vom Seelischen« (S. 13): »Von Anfang an waren Erklärungen menschlichen Verhaltens durch Hypothesen über unbewusste seelische Prozesse ein wesentlicher Teil und ein charakteristisches Merkmal der Psychoanalyse« (ebd.). Auch Pieter J. van de Leeuw (1967) vertrat ganz in diesem Sinne die Auffassung, dass Freud durch seine klinische Arbeit »die Psychologie zum Range einer selbständigen Naturwissenschaft« (S. 125) erhoben habe.

Dieses Verständnis der Psychoanalyse als Naturwissenschaft wurde jedoch wiederholt angefochten und grundsätzlich bezweifelt; dabei entstand eine konkurrierende Lesart, nach der es sich bei der Psychoanalyse um eine Sozial- oder Geisteswissenschaft handele. In der selben Zeit, in der Hartmann in den USA für die Naturwissenschaftlichkeit der Psychoanalyse argumentierte, begriff Ludwig Binswanger das psychoanalytische »Deutungsverfahren« als einen »Spezialfall der Hermeneutik der Geisteswissenschaften«, weil Freud die Hermeneutik »nach ihrer psychologischen oder individuellen […] Seite hin« (Binswanger 1955 [1926], S. 69) empirisch ausgestaltet habe. Freilich konnte Freud selbst dieser Interpretation Binswangers nicht zustimmen, da dieser die Naturgrundlage des menschlichen Trieblebens ausklammerte. Gleichwohl vertrat später auch Hans A. Thorner (1963) die Auffassung, bei der Psychoanalyse handele es sich um »eine verstehende Psychologie im Sinne Diltheys« (ebd., S. 685). Thorner rekurrierte damit auf das Konzept der verstehenden Psychologie, das Dilthey (1894) prägnant mit dem Satz proklamiert hatte: »Die Natur erklären wir, das Seelenleben verstehen wir« (S. 144). Während Dilthey derart das naturwissenschaftliche *Erklären* der Erschließung körperlicher Abläufe zuordnete, reklamierte er für die Erfassung psychischer Prozesse das geistes- oder sozialwissenschaftliche *Verstehen.* Daher sei die um das Verstehen von seelischen Konflikten bemühte Psychoanalyse, so Thorner, den Geistes- und Sozialwissenschaften zuzuordnen. Auch Piet C. Kuiper (1964) resümierte zeitgleich, dass der »verstehende Psychologe Freud […] sich im Bewusstsein vieler hinter dem erklärenden, konstruierenden Psychologen« verbarg (S. 27). In vergleichbarer Weise argumentierten Karl-Otto Apel (1965) und Jürgen Habermas (1968), dass die Psychoanalyse sich einer dezidiert sozialwissenschaftlichen Hermeneutik bediene.

Als ein weiterer gewichtiger Vertreter der Psychoanalyse als Geisteswissenschaft begründete Jacques-Marie Émile Lacan in den 1950er Jahren in Paris eine an Alexandre Kojéves Hegel-Lektüre (Kojève 1975 [1947]) und Ferdinand de Saussures sprachwissenschaftlichen Strukturalismus (de Saussure 2011) anschließende strukturalistische Reformulierung der Freud'schen Triebtheorie (vgl. Lacan 1973, 1975, 1980). Lacan und Lorenzer teilen einige wesentliche Argumente und Anliegen (vgl. Heim, Modena 2016): Beide halten an der Inhaltlichkeit der Trieblehre fest, beide argumentieren, dass der Funktion der Sprache in der Psychoanalyse strukturell bislang zu wenig Bedeutung beigemessen wurde, und beide schlagen mit ihren Reformulierungen Wege vor, den von beiden kritisierten Freud'schen Biologismus zu überwinden. Die erkenntnistheoretisch entscheidende Differenz besteht jedoch darin, dass Lacan alles biologistisch Anmutende gänzlich über Bord wirft und die

Triebenergie gespeist sieht aus dem Begehren nach dem immer schon verlorenen phantastischen ›Objekt a‹, welches zugleich das Begehren des anderen repräsentiert: »das Begehren des Menschen [ist immer] das Begehren des Andern« (Lacan 1973, S. 220; vgl. Lang 1986, S 203 ff.). Lorenzer hingegen besteht darauf, dass der Freudsche Biologismus »kritisch aufschließbar« (Lorenzer 2002, S. 131) sei (vgl. Kapitel 4).

1.3 Lorenzers Intervention in die Debatte um den Wissenschaftscharakter der Psychoanalyse

Um nun die wissenschaftstheoretische Frage nach dem logischen Status der Psychoanalyse zu diskutieren, greift Lorenzer auf das von Gerard Radnitzky (1968) entwickelte Konzept der »metascience« zurück: Dieser geht von Wittgensteins (1958) Konzept des Sprachspiels aus, demzufolge das Sprechen einer Sprache zugleich das Teilen einer Lebenspraxis bedeutet.[3] In diesem Sinne betrachtet Radnitzky die Praxis und Theorie einer Wissenschaft als ein Sprachspiel, das im Aufbau einer Fachsprache gipfelt, mit deren Hilfe die Welt auf eine fachspezifische Weise erschlossen wird:

> »Geht die Entwicklung einer Wissenschaft zwangsläufig in Richtung der Ausbildung der Fachsprache (bis zur Erstarrung der Terme), so hat die Ausarbeitung einer Metatheorie den umgekehrten Weg einzuschlagen: Fachsprache in Umgangssprache zurückzuverwandeln« (Lorenzer 1970b, S. 47f.).

Somit übernimmt die sich aus dem Sprachspiel entwickelnde Metatheorie zwei Aufgaben: Einerseits muss sie die Logik und Konsistenz der aus der Praxis entwickelten Fachsprache explizieren. Andererseits lässt sich die Plausibilität der Fachsprache nur dadurch verdeutlichen, dass sie in die Umgangssprache zurückübersetzt wird. Da die klinische Fachsprache der Psychoanalyse den Forschenden anderer Disziplinen fremd ist, kann ein Dialog mit ihnen nur dann zustande kommen, wenn die meta-

3 Zu Lorenzers Rezeption von Wittgensteins Begriff des Sprachspiels vgl. Simonelli 2014.

theoretische Erörterung des Wissenschaftsstatus der Psychoanalyse in der von der ›scientific community‹ geteilten Umgangssprache stattfindet. Lorenzer hat sich eben dieser methodologischen und methodischen Herausforderung gestellt, vor dem Hintergrund des ›linguistic turn‹ der 1960er und 1970er Jahre durch eine sprachtheoretische Rekonstruktion der therapeutischen Praxis eine Metatheorie zu entwickeln, die den logischen Status der Psychoanalyse als Wissenschaft zu klären vermag.

1.3.1 Lorenzers Kritik an Lochs Verständnis der Psychoanalyse als nomologischer Psychologie

In diesem Zuge setzte sich Lorenzer mit dem nomologischen[4] Entwurf des Psychoanalytikers Wolfgang Loch auseinander, einem der in der Debatte profiliertesten Vertreter eines naturwissenschaftlichen Verständnisses der Psychoanalyse. Lochs wissenschaftstheoretisches Verständnis der Psychoanalyse war für Lorenzer nicht zuletzt deswegen besonders interessant, weil es auch aus einer Auseinandersetzung mit der klinischen Praxis entwickelt wurde. Seinem szientistischen Verständnis entsprechend erläutert Loch (1965), dass »der erklärende Teil der Deutung – die essentielle psychoanalytische Leistung von im engeren Sinne wissenschaftlichem Charakter« (S. 36) sei. Sodann fährt Loch fort:

> »Ich erkläre deutend dem Kranken Zusammenhänge, d. h. Motive seines So-Seins, indem ich sie ihm als Hypothesen vor Augen führe. An einer Stelle kommt dann das ›Aha‹-Erlebnis, kommt das ›Jetzt weiß ich, weshalb‹, von einem ›freudigen Aufzucken‹ begleitet. Meine Erklärung hat dazu geführt, dass der Patient versteht, meint also, er ist in der Lage, sie zu gebrauchen« (ebd., S. 38).

Wenn die Deutung »dem Kranken für bisher unverbunden nebeneinanderstehende seelische Akte und Zustände (Gedanken

4 Der Begriff Nomologie setzt sich aus dem griechischen Wort für Gesetz – Nomos (νόμος) – und dem Suffix -logie zusammen, das auf das griechische Wort für Vernunft – lógos – zurückgeht und seit dem Humanismus eine wissenschaftliche Disziplin bezeichnet. Nomologie steht daher für eine Gesetzeslehre; der Begriff kommt aus der Philosophie und wird auch in den Sozialwissenschaften und der Psychologie entsprechend verwendet.

und Phantasien, Handlungen, Gefühle usw.) eine psychologische Erklärung als Hypothese zur Verfügung« stellt (ebd., S. 37), dann kann man nach Auffassung von Loch davon sprechen, dass die Analytikerin wie eine Forscherin »in den Naturwissenschaften« verfährt (ebd., S. 38). Lerne die Patientin die ihr als Erklärung angebotene Deutung zu verstehen, so stelle sich für sie eine »logische Evidenz aufgrund einer Erklärung« her, der entsprechend sich die von ihr geschilderten »Phänomene reibungslos einem objektiven Sinngefüge einordnen lassen« (Lorenzer 1970b, S. 67).

Lorenzer arbeitet die Schwächen dieses naturwissenschaftlichen Verständnisses der Psychoanalyse heraus, aufgrund dessen die Deutungen der Analytikerin als Hypothesen betrachtet werden, die innere Prozesse »erklären« und durch das Sammeln von Beobachtungen validiert werden sollen. Indem Loch argumentiert, dass die Deutung auf einer empirisch-analytischen Hypothesenbildung beruhe, unterstellt er zugleich, dass die Analytikerin durch das Aufstellen einer Hypothese die seelischen Zusammenhänge »erklärt«, die die Patientin anschließend »verstehen« soll.

Damit wird aber nach Einschätzung von Lorenzer die Eigenart der analytischen Arbeit auf den Kopf gestellt. Vielmehr zeichne sich die psychoanalytische Verfahrensweise gerade dadurch aus, dass sie nicht auf nomologische »Erklärungen« unbewusster Prozesse abstelle, sondern die sich in Alltagsszenen, Kindheitsszenen und Traumszenen inszenierenden unbewussten Wünsche, Ängste und Phantasien zu verstehen suche: So beginne die analytische Arbeit damit, dass die Analytikerin die Analysandin zum freien Assoziieren auffordert. Diese werde somit dazu eingeladen, sich nicht weiter in den gewohnten Routinen ihres im Alltag zur zweiten Natur gewordenen Denkens zu bewegen, sondern sich spontan auftauchenden Einfällen zu überlassen, auch wenn sie widersinnig oder unpassend erscheinen. Das psychoanalytische Setting (das Liegen der Patientin auf der Couch ohne Blick auf die dahinter sitzende Analytikerin und die hohe Frequenz der Sitzungen) würde dazu den Rahmen abgeben, in dem das freie Assoziieren einen sicheren Raum finden könne (vgl. de Swaan 1978).

Wie sich das szenische Verstehen in der klinischen Arbeit konkret entwickelt, möchte ich (H. D. K.) anhand eines Fallbeispiels aus meiner psychoanalytisch-psychotherapeutischen Praxis illustrieren[5]: Die zu Therapiebeginn 30 Jahre alte Frau Noll eröffnete die 10. Sitzung ihrer modifizierten analytischen Behandlung, die im Sitzen stattfand, mit den Worten, dass sie genug hätte, worüber sie sprechen könnte. Es erscheine ihr aber »nicht wichtig genug«. Ich machte sie darauf aufmerksam, dass sie das, was sie sage, unmittelbar zensiere und bewerte. Daher erläuterte ich ihr noch einmal, was freie Assoziation bedeutet. Es komme darauf an, sich auf eigene Einfälle einzulassen und spontan das zur Sprache zu bringen, was ihr gerade in den Sinn komme. Daraufhin nahm Frau Noll ihren Erzählfaden in folgender Weise wieder auf:

> »N: Mein Freund hat den Flur renoviert. Das sieht so schön aus. Ich war euphorisch. Ich freute mich über meine strahlend gelbe Küche. Ich habe meine Plastiksammlung aussortiert. Die Schublade war kaputt gegangen, weil zu viele Tüten darin waren. Beim Aussortieren ging es mir immer schlechter. Es machte mich fertig, die Tüten auszusortieren. Ich habe einen schönen Flur und eine schöne Küche. Ich bin deprimiert, seitdem ich die Tüten aussortiert habe.«

Gerade weil ich die Patientin in den ersten Sitzungen fast immer nur bedrückt und niedergeschlagen erlebte, freute ich mich spontan über die unerwartet auftauchende Begeisterung, mit der sie von ihrer »strahlend gelben Küche« erzählte. Doch dieser Affekt wich schnell der Sorge, mit der ich überlegte, was der Patientin beim Aussortieren der Abfalltüten in den Sinn gekommen sein mochte, dass sie auf einmal wieder bedrückt war.

> »K: Was fällt Ihnen denn dazu ein, wenn Sie Ihre Gedanken schweifen lassen?
> *Pause.*

---

5 Der Name der Patientin sowie alle weiteren Namen, die in dieser Fallvignette auftauchen, sind anonymisiert. Ich danke der Analysandin ganz herzlich dafür, dass sie mir erlaubt hat, die folgenden Szenen aus ihrer Analyse zu veröffentlichen. Da die Patientin sich ganz ihren Gefühlen überließ, ließ sie sich viel Zeit für das Aussprechen ihrer Empfindungen und Gedanken, so dass ich ihre Sätze wortwörtlich mitschreiben konnte.

N: Es fällt mir schwer, mich von Sachen zu trennen. Gewohntes gibt mir Sicherheit. Ich bin froh, dass die Tüten weg sind und endlich Ordnung herrscht.
Lange Pause«.

Im ersten Augenblick überhörte ich Frau Nolls Erklärung. Denn meine Aufmerksamkeit richtete sich auf das Irritierende an dieser Szene: Wenn das Wegwerfen der Abfalltüten es doch ermöglichte, die Schublade passend zur »strahlend gelben Küche« zu reparieren, dann müsste sie dabei doch auch Freude empfunden haben. Stattdessen ging es ihr dabei »immer schlechter«, so dass sie wieder voller Kummer war, eine Erzählung, die nun auch meine Stimmung trübte. Ich spürte, wie ich innerlich unter Druck geriet, weil ich nicht verstand, wieso das Wegwerfen überflüssiger Mülltüten traurig machen kann. Aber dann kamen mir wieder die Worte der Patientin in den Sinn, dass es ihr »schwer« falle, sich »von Sachen zu trennen«. Mir ging durch den Kopf, ob das Entsorgen von Abfalltüten nicht auch die Trennung von Gegenständen bedeutete, die Frau Noll einmal beim Kauf von Dingen brauchte? Sodann fiel mir ein, dass die Analysandin in den probatorischen Sitzungen beiläufig erwähnt hatte, zwei Menschen verloren zu haben, die ihr wichtig waren. Unter dem Eindruck dieses Gedankens und des augenblicklichen Erlebens, mit der Patientin zu spüren, wie deprimiert sie war, stellte ich folgende Frage:

»K: Sich trennen von was? Erinnern Sie eine Situation, in der sie das einmal als schmerzhaft erlebt haben?
Frau Noll bricht in Tränen aus und weint.
N: Als die beiden mir wichtigsten Menschen verstorben sind.
Lange Pause.
Meine Freundin und meine Stiefmutter. Das war die Freundin meines Vaters, mit der ich viel Kontakt hatte, als ich schwanger war. Ich hatte eine sehr enge Beziehung zu ihr [...]«.

Die Freundin hatte sie im Internat kennengelernt.

»N: Sie hatte Depressionen. Ich dachte, es wäre normal, alle zwei, drei Wochen zusammenzubrechen. Irgendwann sagte sie: ›Ich glaube, du hast das auch!‹ Ich glaubte ihr das nicht. Humbug. Sie starb. Dann ging es mir so schlecht, dass ich zum Arzt musste.
Pause«.

Während ich den heftigen Schmerz spürte, der die Patientin quälte, versuchte ich Worte für den Verlust zu finden, unter dem sie in diesem Augenblick litt:

»K: Sie war also eine ganz enge Freundin, mit der Sie tagtäglich mehrfach Kontakt hatten.
N: Ich hatte keinen Freund.
Lange Pause.
Zwei Monate, bevor sie starb, ging es mit meinem Freund auseinander. Es ging mir schlecht, sie versuchte mich da rauszuholen. Dann starb sie.
Sehr lange Pause.
K: Vermissen Sie sie immer noch?
Frau Noll nickt. Tränen laufen ihr über die Wangen.
Pause.
K: Sie haben den Verlust Ihrer Freundin noch nicht bewältigt.
N: Nein, obwohl es acht Jahre her ist. Wenn ich darüber rede, dann ist es so, als ob es gestern war.
Pause.
Ich weiß nicht, wie ich es überwinden soll. Ich hatte Probleme, nach ihrem Tod mit anderen Menschen zu kommunizieren. Ich glaube nicht an den Himmel. Ich kann nicht auf dem Friedhof mit der Freundin oder der Stiefmutter reden.
Pause.
K: Ich habe den Eindruck, dass Sie nach dem Tod der Freundin depressiv geworden sind. Dadurch, dass Sie die Freundin verloren haben, fühlen Sie sich selbst verarmt. Da ist eine Beziehung gestorben.
Pause.
N: Sie starb mit 22 Jahren an einem Gehirntumor. Sie hatte mir das nicht gesagt. Sie wusste, dass mich das zu Boden werfen würde. Sie wollte nicht, dass ich mir Sorgen mache. Sie sagte immer: ›Mir geht es gerade nicht so gut‹. Ich habe nicht nachgefragt. Das hätte ich tun sollen«.

Da ich fühlte, dass sie unter Schuldgefühlen litt und sich das Versäumte nicht verzeihen konnte, versuchte ich ihr bewusster zu machen, wie streng sie mit sich umging.

»K: Sie machen sich Vorwürfe?
N: Ja, aber ich konnte es nicht ahnen, was dahinter steckt. Vom Zeitpunkt, wo es ihr schlecht ging, bis zu ihrem Tod waren es nur sechs Wochen«.

Erst habe die Mutter der Freundin sie angerufen, um ihr den Tod ihrer Tochter mitzuteilen. Dann habe sie ein zweites Mal angerufen, um ihr zu sagen, dass Helga aufgebahrt sei und sie überlegen könnte, ob sie sich von ihr verabschieden wolle. Aber das habe sie nicht gekonnt. Sie habe nur zur Beerdigung gehen können.

»Bei der Stiefmutter war ich auch nur zur Beerdigung. [...] Sie war 53 Jahre. Sie hatte auch Krebs. Ich habe das wie in einem Tunnel mitgekriegt, weil sich alles wiederholte. Dabei ging es mir nach einem Klinikaufenthalt anderthalb Jahre lang ganz gut. Aber dann ging es wieder von vorn los.
Frau Nolls Augen füllen sich mit Tränen.
N: Ich hatte Schaukel und Rutsche [für meinen Sohn] bei der Stiefmutter im Garten stehen. Aber ich konnte den Sohn [der Stiefmutter] nicht kontaktieren, obwohl der genauso gelitten hat. Ich hätte ihm bei der Wohnungsauflösung helfen können. Ich habe mich vor allem gedrückt.«

Während Frau Noll sprach, spürte ich den Schmerz, der damit verbunden war, mit der gleichaltrigen Freundin eine enge Beziehung verloren zu haben, in der sie sich gut verstanden fühlte und in der sie über alles reden konnte, was sie als junge Frau beschäftigte. Dann empfand ich den Kummer, der damit verknüpft war, dass sie wenige Jahre darauf die Stiefmutter verloren hatte, zu der sie auch eine vertrauensvolle Beziehung aufgebaut hatte. Im Kontakt mit ihr hatte sie erneut einen Raum gefunden, in dem sie sich über die sie bewegenden aktuellen Probleme austauschen konnte. Ich spürte, dass der Verlust in beiden Fällen so schmerzlich war, dass sie den Tod beider Frauen emotional nicht zu bewältigen vermochte. Frau Noll fuhr fort, dass ihr nicht bewusst gewesen sei, wie sehr sie auch heute noch darunter leide, weil sie »so was« im Alltag »unterdrücke«. »Dann geht es unter«.

»K: Und dann holt Sie der Schmerz bei der Trennung von den Plastiktüten wieder ein. Sie entsorgen die Plastiktüten und erinnern dabei unbewusst den Verlust der Freundin und der Stiefmutter.

N: Ich dachte, ich wäre aus dem Gleichgewicht gekommen, weil sich dadurch etwas verändert, dass ich mich von den Tüten trenne.
K: So stellt sich die Frage, ob da nicht die Deutung nahe liegt, dass es unbewusst um das Erschrecken und Entsetzen darüber gegangen ist, dass die Freundin und die Stiefmutter irgendwie einfach so auf dem Müll gelandet sind wie die Plastiktüten«.

Als Frau Noll aufstand, um zu gehen, nahm ich aufgrund ihres erleichterten Gesichtsausdrucks und ihres wieder lebendigeren Tonfalls wahr, dass die depressive Verstimmung, die sich mit dem Entsorgen der Abfalltüten verknüpft hatte, verschwunden war. Bei der Verabschiedung sagte sie mir, froh darüber zu sein, in dieser Stunde in Kontakt mit dem schmerzhaften Gefühl des Verlustes beider Freundinnen gekommen zu sein, das sie so lange nicht gespürt habe.

Was sich durch das freie Assoziieren der Analysandin erschließt, kann ich als Analytiker aufgreifen, wenn ich mich emotional darauf einlasse, ihren Einfällen und meinen darauf reagierenden Assoziationen gegenüber die von Freud so bezeichnete Haltung der »gleichschwebender Aufmerksamkeit« einzunehmen. Wie es dieses Beispiel illustriert, bekommt der Analytiker »zumeist Dinge zu hören [...], deren Bedeutung erst nachträglich erkannt wird« (Freud 1912, S. 377). Das bedeutet aber, dass in der analytischen Sitzung »Beobachtungen nicht bei vorgegebener Hypothese gesammelt werden, sondern erst nachträglich sich zusammenschließen, zugleich mit der auftauchenden Einsicht« (Lorenzer 1970b, S. 62).

Gleichschwebende Aufmerksamkeit bedeutet aber nicht nur, dass der Analytiker schweigt und darauf verzichtet, der Analysandin theoretische Konzepte anzubieten, mit denen sich die Bedeutung der Einfälle erklären ließe. Stattdessen konzentriert er sich darauf, die freien Assoziationen der Analysandin so zu sammeln, wie es die Sitzung mit Frau Noll illustriert. Diese sprach von der Freude über die renovierte Küche, erzählte von der Lust am Aufräumen und vom Entsorgen der Plastiktüten – eine Handlung, die sie traurig gemacht habe. Es gelang mir nur deshalb, die unterschiedlichen Einfälle der Analysandin mit gleichschwebender Aufmerksamkeit aufzunehmen, weil ich mich über ihre Erzählungen in ihre Erlebniswelt einfühlte und die Mitteilungen der Analysandin so auf mein Erleben wirken ließ, dass ich darauf mit eigenen Einfällen reagierte. So spürte ich ihre Traurigkeit und fing an, darüber nachzudenken, was es damit auf sich hat. Freud hat der Bedeutung des affektiven Verstehens, dem entsprechend der Analytiker nachträglich versteht – und erst am Ende einer Behandlung theoretisch begreift –, was die Patientin unbewusst bewegt, folgendermaßen Rechnung getragen:

> »Es ist nicht gut, einen Fall wissenschaftlich zu bearbeiten, solange seine Behandlung noch nicht abgeschlossen ist, seinen Aufbau zusammenzusetzen, seinen Fortgang erraten zu wollen, von Zeit zu Zeit Aufnahmen des gegenwärtigen Status zu machen, wie das wissenschaftliche Interesse es fordern würde. Der Erfolg leidet in solchen Fällen, die man von vornherein der wissenschaftlichen Verwertung bestimmt und nach deren Bedürfnissen behandelt; dagegen gelingen jene Fälle am besten, bei denen man wie absichtslos verfährt, sich von jeder Wendung überraschen lässt, und denen man immer wieder unbefangen und voraussetzungslos entgegentritt.« (Freud 1912, GS S. 380)

Gleichschwebende Aufmerksamkeit und ein empathisches Sich-Einlassen auf die Analysandin stellen daher die wesentlichen Merkmale des vom Analytiker praktizierten affektiven Verstehens dar, das sich mit Greenson als ein »vorbewusstes Phänomen« beschreiben lässt (vgl. Greenson 1961, S. 142). Da mich Frau Nolls Erzählung berührte und mich zudem verwunderte, dass sie beim Aussortieren von Plastiktüten traurig wurde, obwohl sie sich davor über die strahlend gelbe Küche gefreut hatte, fragte ich sie, ob sie andere Szenen erinnern könnte, in denen ihr »die Trennung von etwas« schwergefallen sei. Auf diese Weise stießen wir auf die Erfahrungen des schmerzlichen Verlustes der Freundin und der Schwiegermutter, die depressiven Verstimmungen zur Folge hatten.

Als wir in der 177. Stunde der Frage nachgingen, warum es ihr solche Schwierigkeiten bereite, sich emotional auf das Problem des Verlustes der Freundin und der Stiefmutter einzulassen, stieß Frau Noll auf ihre »Angst« davor, dass ich ihre Themen »nicht spannend« finden könnte, dass sie mich »langweilen« könnten und ich bestimmt »lieber eine andere Patientin hätte«. Ich warf die Frage auf, woher sie das kenne, »dass der andere sich nicht für sie interessiert«.

»N: Von meiner Mama.
Pause.
K: Fällt Ihnen vielleicht ein Beispiel ein?
Lange Pause.
N: Mama fragte nie, wie es in der Schule war. Sie kam von der Arbeit, war müde und guckte Fernsehen. Als ich Realschulabschluss machte, wusste sie gar nicht, worum es da bei mir ging.
Pause.
K: Könnte es vielleicht sein, dass sie unbewusst Angst davor haben, dass ich genauso desinteressiert bin wie Ihre Mutter? Es scheint so, als ob Sie auf mich die schlechte Erfahrung übertragen, die Sie mit Ihrer Mutter gemacht haben. Und weil Sie befürchten, dass ich mich langweile, deshalb lassen Sie keine Gefühle zu«.

Den Widerstand der Patientin dagegen, sich emotional einzulassen, deutete ich als eine unbewusste Reinszenierung (Übertragung) der viele Jahre zurückliegenden biographischen Erfahrung, als Mädchen von ihrer Mutter nicht ernst genommen worden zu sein. Es stellte sich im weiteren Verlauf der Analyse heraus, dass der Schmerz des Verlustes von Freundin und Stiefmutter nicht auszuhalten war, weil sich in diesen Trennungserfahrungen die frühkindliche Erfahrung des Verlustes der Mutter wiederholte. So war Frau Nolls Mutter so sehr durch ihre Arbeit belastet, dass sie von ihrer Tochter in erster Linie als überfordert und gereizt erlebt wurde. Die Tochter wurde so einerseits vernachlässigt und andererseits durch heftige Wutausbrüche ihrer Mutter tief verletzt; Frau Noll entwickelte in dieser Lebenssituation eine Vulnerabilität, die sie später anfällig für die Entwicklung depressiver Verstimmungen machte.

Das vorliegende Fallbeispiel illustriert, dass die Deutung sich nicht als eine bewusst konzipierte Hypothese konstituiert, die der wachen Logik des Verstandes folgt. Vielmehr beruht die Deutung auf einer bewussten Verarbeitung der eigenen Eindrücke und Einfälle (Gegenübertragung), mit denen der Analytiker auf der Grundlage der gleichschwebenden Aufmerksamkeit und eines empathischen Sich-Einlassens auf die Analysandin reagiert, die im Zuge des Erzählens leidvoller Erfahrungen (Verlust der Freundin und der Schwiegermutter, traumatische Erfahrungen mit der Mutter) unbewältigte Erlebnisse auf ihren Analytiker überträgt. Wenn aber die Deutung das Resultat eines empathischen Verstehensprozesses ist, für den Intuition und gleichschwebende Aufmerksamkeit wesentlich sind, dann kann es sich bei der Psychoanalyse nach Auffassung von Lorenzer nicht um eine von Beginn an Hypothesen bildende Naturwissenschaft handeln, in welcher der Analytiker der Analysandin ihr So-Sein *erklärt*. Vielmehr handele es sich dann um eine *verstehende* Psychologie, welche, mit Binswanger, »von dem (unmittelbar) erfahrenen oder erlebten Zusammenhang [des Seelenlebens] ausgeht« und erst danach mit einer Hypothesenbildung »endigt« (Binswanger 1922, S. 58f.).

Wie sehr sich die spontan in der Sitzung ergebende Deutung und die nachträgliche Hypothesenbildung unterscheiden können, veranschaulicht Lorenzer (1970b) anhand eines Beispiels aus einem am Sigmund-Freud-Institut durchgeführten Seminar. In diesem präsentierte ein Analytiker eine Episode aus einer Analyse, in der er eine zutreffende Deutung der aktuellen Bedürfnislage des Patienten gegeben hatte. Es stellte sich jedoch heraus, dass er das Material der Sitzung und seine Intervention mit einer Hypothese erklärte, die der Deutung widersprach. Der Einschätzung eines Seminarteilnehmers »Die Deutung ist richtig, die Hypothese falsch« (S. 62f.), stimmte der Analytiker in der Diskussion schließlich zu. So stellte sich im Verlaufe dieser Diskussion heraus, dass die – zutreffende – Deutung auf vorbewussten Vorgängen beruhte, die mit der Empathie des Analytikers für den Patienten in der aktuellen Sitzung korrespondierten. Die Hypothese über diese Sitzung hatte der Analytiker dagegen nachträglich konstruiert. Der Seminarleiter und langjährige Leiter des *Sigmund Freud Instituts* Alexander Mitscherlich konstatierte abschließend, dass »das Bilden der Hypothese [...] eine spätere, nachträgliche Rationalisierung« darstelle (ebd., S. 63).

Diese Einsicht hat entscheidend zu Lorenzers systematischem Entwurf der Psychoanalyse als kritisch-hermeneutischer Erfahrungswissenschaft beigetragen: So zeigt dieses Beispiel doch sehr deutlich, dass die sich in der Sitzung spontan entwickelnde Deutung wesentlich anders zustande kommt als die anschließend auf der Grundlage einer rationalen Auseinandersetzung mit dem Material formulierte Hypothese über den kasuistischen Fall. Während die Deutung in der Sitzung auf der Basis der gleichschwebenden Aufmerksamkeit generiert wurde, die sich gerade durch eine »Freiheit von der Vorbefangenheit in eine

Hypothese« beschreiben lässt (ebd., S. 65), beruhte die Hypothesenbildung auf einer Abstraktion von der konkreten Bedürfnislage des Patienten, die erst nach der Sitzung durchgeführt wurde.

Das heißt aber, dass Loch mit der Einschätzung irrt, dass es sich bei der Psychoanalyse um eine naturwissenschaftliche Methode handele, in der mit der Deutung eine das Seelenleben der Analysandin erklärende Hypothese aufgestellt werde, deren Triftigkeit durch deren Verstehen bestätigt werde. Vielmehr offenbart die klinische Praxis, dass der psychoanalytische Prozess in der Tat ganz im Sinne Diltheys die Charakteristika einer verstehenden Psychologie aufweist: So steht stets das Verstehen in der analytischen Sitzung im Zentrum, und das so Verstandene wird erst anschließend im Rückgriff auf theoretische Konzepte erklärt.

1.3.2 Lorenzers Kritik an dem von Habermas entwickelten handlungstheoretischen Konzept der Psychoanalyse als Sozialwissenschaft

Wenn es sich aber bei der Psychoanalyse um eine hermeneutisch verfahrende Erfahrungswissenschaft handelt, wie ist dann Freuds in einer naturwissenschaftlichen Sprache verfasste Theorie einzuschätzen? Jürgen Habermas (1968) spricht von einem »szientistischen Selbstmissverständnis der Psychoanalyse« (ebd., S. 263), weil Freud »in der Tat eine neue Humanwissenschaft begründet, aber in ihr stets eine Naturwissenschaft gesehen hat« (ebd., S. 301). Obwohl er in seiner klinischen Praxis durch die Entwicklung der Traumdeutung und durch das Verstehen der symbolischen Welt der Analysandin, ihrer Fehlleistungen und Symptome eine »Tiefenhermeneutik« begründet habe (ebd., S. 267), habe er seine Einsichten mit der Metapsychologie, die von Triebenergie, von Hemmung und der Abfuhr von Triebimpulsen spricht, in ein physikalistisches Energieverteilungsmodell des seelischen Apparates übersetzt, das nie »experimentell überprüft worden« sei (ebd., S. 308). Gerade weil dieses naturwissenschaftliche Modell in die Irre führe, solle die Metapsychologie durch eine »Metahermeneutik« ersetzt werden, welche »die Bedingungen der Möglichkeit psychoanalytischer

Erkenntnis klärt«, indem das »kommunikative Handeln, Sprachdeformation und Verhaltenspathologie« in der psychoanalytischen Praxis systematisch reflektiert werden (ebd., S. 310).

Obwohl Lorenzer die Einschätzung von Habermas teilt, dass Freud im Zuge der Entwicklung der Psychoanalyse einem szientistischen Selbstmissverständnis aufgesessen ist, weist er dessen Kritik an der Metapsychologie entschieden zurück. Zwar lasse sich im Rahmen einer »sprachtheoretischen Begründung« der Psychoanalyse (Lorenzer 2002, S. 216) in der Tat genau fassen, inwiefern die psychoanalytische Arbeit sich des Mediums der Sprache bediene. Schließlich erzähle die Analysandin ihre Leidensgeschichte, die Analytikerin höre schweigend zu und hole im Zuge der Deutung die sprachlich exkommunizierten Wünsche, die der Verdrängung anheim gefallen sind, wieder in Sprache ein, so dass sie symbolisierbar und damit bewusstseinsfähig werden. Aber auch diese sprach- und handlungstheoretische Rekonstruktion der Psychoanalyse werde dem besonderen Forschungsgegenstand der Psychoanalyse nicht gerecht, weil es sich beim Unbewussten um »das aus Sprache Ausgeschlossene« handele (ebd., S. 217), das einen »eigenständigen Sinn-Bereich, ein System von konkreten Lebensentwürfen« bilde (ebd., S. 218), das in der Leiblichkeit des Menschen wurzele.

> »Das Unbewusste ist nicht der Schatten des Bewusstseins, es unterliegt nicht dessen Bildungseinflüssen, sondern ersteht ›vorsprachlich‹ nach anderen, eigenen Regeln, es besteht als Gegensystem zum herrschenden Bewusstsein der Sprachgemeinschaft und zu den herrschenden Verhältnissen« (ebd., S. 219).

Wie im Kapitel 4 zur Sozialisationstheorie weiter ausgeführt wird, stellt sich das »systematische Unbewusste« Lorenzer zufolge als ein Sinnsystem von Körperfunktionen und leiblichen Impulsen dar, das sich in der Mutter*-Kind-Dyade aus dem Zusammenspiel zwischen Embryo/Säugling und Mutterleib/Mutter* entwickelt und in den Körper eingeschriebene »Erinnerungsspuren« hinterlässt, die als innerer Niederschlag aller sinnlich-unmittelbaren Interaktionen die Triebstruktur konstituieren. Diese die Matrix der Affekte bildenden Körperbedürfnisse werden durch den Austausch von Gesten (der) primären Bezugsperson(en) mitgeteilt, sie werden im Spiel mit Gegenständen in bildhafte Symbole und über das Sprechen in Sprachsymbole übersetzt. Diese Übersetzungen geschehen weder restlos noch konfliktfrei: Jeder Akt der Übersetzung bestimmt den leiblichen Impuls als Körperbedürfnis ein wenig genauer – und schneidet Unstimmiges ab. Dabei wird die Verbindung gerade nicht gänzlich gekappt, im Gegenteil besteht weiterhin eine dynamische Beziehung zwischen der (unbewussten) Objekt- und der (bewussten) Wortvorstellung. Lorenzer betont mit Freud, dass diese Beziehung keinesfalls symmetrisch ist: Während die Wortvorstellung immer an die undifferenziertere Objektvorstellung geknüpft bleibt, durch welche sie ihre inhaltliche Bestimmung erlangt, ist die »unbewußte Vorstellung aber [...] die Sachvorstellung allein« (Freud 1915, S. 300). Auf der Grundlage dieser Einsicht versteht Lorenzer das Unbewusste als »nichtsprachliches Praxis- und Sinngefüge« (vgl. Lorenzer 2002, S. 99 ff.) und kritisiert folglich an allen Versuchen, die Psychoanalyse als eine reine Sprachtheorie zu bestimmen, dass sie die Besonderheit der Psychoanalyse wesentlich verkennen.

Im Unbewussten mischen sich im Zuge der gegenständlichen und sprachlichen Symbolisierungsprozesse systematisch Unbewusstes mit Verdrängtem, das bekanntlich auf unterschiedliche Weisen zur Wiederkehr drängt. Ebenso, wie sich aufgrund ihrer sozialen Anstößigkeit unterdrückte Triebregungen durch psychosomatische Symptome gewaltsam Geltung verschaffen, so können die bereits in Sprache zugelassenen Lebensentwürfe verdrängt werden und sich in Fehlleistungen oder neurotische Symptome übersetzen. Das niemals zur Sprache gebrachte systematische Unbewusste aber enthält zugleich »überschüssige lebenspraktische Figuren« (ebd., S. 223), welche die Phantasie bewegen, die das künstlerische Schaffen inspiriert oder auch den Wunsch nach gesellschaftlicher Veränderung wecken kann. Insofern der Mensch mit Lorenzer als »ein von zwei Sinnstrukturen bestimmtes Wesen« (ebd., S. 224) zu begreifen ist, das stets in der Spannung zwischen Körper und Geist, zwischen Unbewusstem und Bewusstem verbleibt, lautet nun die entscheidende wissenschaftstheoretische Konsequenz, dass sich die Psychoanalyse nicht nur mit den durch Sprache erschlossenen Lebensentwürfen, sondern auch mit den in der Leiblichkeit des Menschen wurzelnden unbewussten Lebensentwürfen auseinandersetzt.

Folglich ist Lorenzer zufolge die handlungstheoretische Begründung der Psychoanalyse durch eine »Hermeneutik des Leibes« zu ergänzen, welche die Aufmerksamkeit systematisch auf das Verstehen der noch nicht bewusst gewordenen und der systematisch unbewussten, nicht bewusstseinsfähigen Lebensentwürfe richtet, die als Triebregungen in der Leiblichkeit des Menschen verankert sind (vgl. ebd., S. 225; vgl. auch J. König 2016).

So unübersehbar es sich bei der Psychoanalyse um eine sozialwissenschaftliche Methode handelt, die den subjektiven Sinn individueller Lebensgeschichten und die in ihnen zum Ausdruck kommenden sozialen Konflikte hermeneutisch enträtselt, so unübersehbar ist es mit Lorenzer zugleich, dass das physikalistische Energieverteilungsmodell der theoretisch abstrakten und widerspenstigen Metapsychologie nicht überholt ist. Vielmehr ist die Metapsychologie das Resultat eines Forschungsprozesses, in dessen Verlauf die klinischen Einsichten in das die Patient_innen bewegende Unbewusste in eine Theoriebildung übersetzt wurde. Als wie sperrig und mitunter eigenwillig sich das physikalistische Energieverteilungsmodell auch darstellt, das Kausalzusammenhänge zwischen seelischen Erregungszuständen, die Bildung von Nervenbahnen und den Möglichkeiten psychischer Abfuhr der angesammelten Triebenergie erörtert – es spiegelt die klinische Einsicht in die starken Emotionen wider, welche die Individuen aufgrund ihrer Unvereinbarkeit mit der herrschenden kulturellen Moral unterdrücken, deren allzu starke Unterdrückung sich jedoch rächt, wenn sich diese Affekte hinter dem Rücken des Bewusstseins imperativ durchsetzen, so dass es zu einem aggressiven oder sexuellen Impulsdurchbruch oder zu einer neurotischen oder psychosomatischen Symptombildung kommt.

Darüber hinaus hat die Metapsychologie aber noch eine ganz andere, zentrale Funktion in der Psychoanalyse, die Lorenzer sieht und als kritischer Theoretiker nicht aufzugeben bereit ist: In ihrer Abstraktheit und im Eigensinn ihrer physikalistischen Terminologie zwingt sie die Analysierenden, die Beziehung der psychoanalytischen Theorie zu der lebendigen Empirie, zu dem jeweils besonderen Fall immer wieder neu inhaltlich zu bestimmen. Dabei hindert die sperrige Begrifflichkeit ein Einebnen der psychoanalytischen Theorie in »kommunikationstheoretische Ansätze und deren Begründung auf der Einheit von Denken, Handeln und Sprache« (Lorenzer 2002, S. 215), was ihr »›narrative[s]‹ Erscheinungsbild« (ebd.) ansonsten zumindest nahe legen würde. Lorenzer sieht in dem Physikalismus der Metapsychologie die unauslöschliche Erinnerung an die Leiblichkeit des Naturgegenstands eingelassen, als welcher sich die sozial konstituierte Triebstruktur des jeweils besonderen Menschen immer auch verstehen lässt.

Die Metapsychologie abzuschaffen wäre daher nach Auffassung von Lorenzer fatal für die Psychoanalyse – allerdings sucht Lorenzer die Metaphorik dieser Konzepte in eine sozialisationstheoretische Begrifflichkeit zu übersetzen. So wird für Psycholog_innen und Sozialwissenschaftler_innen erstens nachvollziehbar, worauf Freud mit diesen aus der klinischen Praxis entwickelten heuristischen Konstrukten abhob. Zweitens sucht Lorenzer darüber zu zeigen, wie sich mit den metapsychologischen Konzepten auch in den Sozialwissenschaften arbeiten lässt; inwiefern sie als notwendig spekulatives Kernelement psychoanalytisch Denkende und Forschende dazu anhält, den Erkenntnisgegenstand der Psychoanalyse nicht in die eine oder andere Richtung aus der Spannung zwischen Natur und Kultur herauszulösen. Daher lässt sich die Psychoanalyse als eine qualitativ-interpretierende Sozialwissenschaft begreifen, in der das Sprechen von einer »Naturwissenschaft des Seelischen«, das sich auf den Forschungsgegenstand des Unbewussten bezieht, in spekulativer Weise Sinn macht. Denn es geht um das Verstehen der Natur des Menschen, die in seiner Leiblichkeit gründenden Triebkräfte, die zweifellos sowohl pränatal als auch postnatal durch das Interagieren mit der Mutter* bzw. primären Bezugspersonen auf eine besondere Weise sozialisiert werden. Zugleich widersetzen sich diese Triebimpulse als unbewusste Lebensentwürfe einer je konkreten Person mit einer besonderen und eigenwilligen, persönlichen Lebensgeschichte von Anfang an der herrschenden Moral, die das Bewusstsein im allgemeinen und das Über-Ich im besonderen prägt.

Methodisch heißt dies, dass die Psychoanalyse als kritisch-hermeneutische Wissenschaft die Sinnzusammenhänge untersucht, die sich durch die Erzählungen und durch das Interagieren der Analysandin mit der Analytikerin erschließen. Dabei geht es nicht um die allgemeine Bedeutung der Worte und des Verhaltens der Analysandin, sondern um die besondere Bedeutung, die sie für die Erzählerin aufgrund ihrer lebensgeschichtlichen Erfahrungen haben. Die besondere Bedeutung, welche die Mitteilungen und das Interagieren für die Analysandin haben, lässt sich freilich nur dadurch erschließen, dass die Analytikerin sie im Rückgriff auf eigene lebenspraktische Vorannahmen zu verstehen sucht und eigene Lebensentwürfe so lange probeweise in die zur Sprache gebrachte Erzählung der Analysandin einsetzt und korrigiert, bis ihr die fremden Lebensentwürfe vertraut werden.

1.4 Lorenzers Verständnis der Psychoanalyse als kritisch-hermeneutische Erfahrungswissenschaft

Dieses Ausprobieren der eigenen lebenspraktischen Vorannahmen im Dienste des Verstehens des Fremdpsychischen geschieht in zwei Schritten, die eng miteinander verbunden sind. Zunächst einmal wird im Rahmen der von Lorenzer so bezeichneten »horizontalen Hermeneutik« (Lorenzer 1974a, S. 114) die Verstehensdifferenz zwischen Analytikerin und Analysandin abgebaut, die aufgrund verschiedener Individuations- und Sozialisationsprozesse eine unterschiedliche Sprache sprechen. Die Analytikerin muss lernen, die Sprache der Analysandin zu sprechen, damit sie deren Sprache und Lebenspraxis versteht. Sodann stellt sich im Zuge der von Lorenzer so bezeichneten »vertikalen Hermeneutik« (ebd.) die Aufgabe, die Verstehensdifferenz zwischen bewussten und unbewussten Verhaltensformen aufzuheben. Das neurotische Agieren basiert ja darauf, dass die Analysandin unbewältigte Erfahrungen der Kindheit verdrängt hat, die sich aber unter dem Druck des Wiederholungszwangs in Symptome, Fehlleistungen und Träume übersetzen. Da die Analysandin im Zuge des sprachsymbolischen Interagierens auch frühkindliche Erfahrungen mit den eigenen Eltern unbewusst auf die Analytikerin überträgt, kann die Analytikerin im Zuge der Reflexion ihrer emotionalen Reaktionen (Gegenübertragung) das auf diese Weise unbewusst Ausagierte in eine entsprechende Deutung übersetzen.

Aus diesem Grunde handelt es sich bei der Psychoanalyse nicht nur um eine hermeneutische Methode, im Zuge derer die horizontale Verstehensdifferenz zwischen Analytikerin und Analysandin bearbeitet wird, sondern auch um ein »kritisch-hermeneutisches« Vorgehen: Die Methode ergreift kritisch gegenüber dem psychosozialen Verstrickungszusammenhang die Partei der Leidenden mit dem Ziel, ihr Leid zu lindern wenn nicht abzuschaffen. Die psychoanalytische Methode lässt sich insofern als ein »praktisch-änderndes Verfahren« charakterisieren (ebd., S. 138), weil die Analytikerin nicht nur der Erzählung der Analysandin zuhört, sondern durch die unmittelbare Teilhabe an der von der Analysandin präsentierten Lebenspraxis (die sich in der Spannung von Übertragung und Gegenübertragung realisiert) die Wiederkehr der verdrängten Erlebnisfiguren in der über Mimik, Gestik und Tonfall vermittelten nonverbalen Interaktion mit ihr spüren (Gegenübertragung) und daher in Sprache einholen und ihr bewusst machen kann.

Die Deutungsarbeit gipfelt daher in der Rekonstruktion der konfliktentscheidenden Szenen (meist) der Kindheit, die im Zuge der Verdrängung aus der sprachsymbolischen Interaktion ausgeschlossen worden waren, die die Analytikerin aber auf der Grundlage eines lebenspraktischen Zusammenspiels bewusst machen und in das sprachsymbolische Interagieren mit der Analysandin integrieren kann. Dies aber kann allein die Voraussetzung für eine tatsächliche, praktische Veränderung der Leid produzierenden Strukturen auf Seiten des Subjekts sein. Lorenzer spricht hier von einer für das psychoanalytische Verfahren typischen »Tiefenhermeneutik« (ebd., S. 145): Die Analytikerin sucht im Zuge des psychoanalytischen Verstehensprozesses den latenten Sinn des Unbewussten zu erschließen, der sich hinter dem manifesten Sinn der Worte und Verhaltensweisen der Analysandin abzeichnet.

Die Frage, wie die Analytikerin vom psychoanalytischen Verstehen der Analysandin zum konzeptionellen Erklären der Fallstruktur im Rückgriff auf die psychoanalytische Theoriebildung übergeht, beantwortet Lorenzer auf die folgende Weise: Die lebenspraktischen Vorannahmen, die die Analytikerin im

Zuge des Verstehens der Analysandin einsetzt und so lange korrigiert, bis sie das Fremdpsychische versteht, werden im kasuistischen Seminar mit anderen Analytiker_innen diskutiert. Im Rahmen des kasuistischen Seminars werden die »individualisierten lebenspraktischen Vorannahmen«, zu denen die Analytikerin durch das Verstehen der Analysandin gelangt, mit »abstrakteren ›typischen‹ lebenspraktischen Vorannahmen in Verbindung gesetzt« (ebd., S. 167). Auf diese Weise wird in der Gruppe der Analytiker_innen die persönliche Leidensgeschichte der einzelnen Analysandin als das typische Drama einer Analysandin mit einer spezifischen Konfliktkonstellation begriffen. Sodann wird die klinische Sprache der Kasuistik in die Fachsprache der Metapsychologie übersetzt, die von Trieben und vom Narzissmus, vom Ich und vom Über-Ich sowie von den Objektbeziehungen redet. Damit werden die typischen lebenspraktischen Vorannahmen, wie sie in der Analytiker_innengruppe in Auseinandersetzung mit dem Einzelfall erarbeitet werden, mit Hilfe der Konzepte der psychoanalytischen Theorie begriffen und typisiert.

So wird auf eine systematische Weise die bewusste und unbewusste Dynamik des Falles erklärt, die sich in den Symptomen, im Verhalten und in der Übertragung der Analysandin zeigt. Während die Diskussion der typischen lebenspraktischen Vorannahmen des kasuistischen Seminars in einer präsentativen (Bilder-)Sprache stattfindet, die den Einzelfall in seiner lebensgeschichtlichen Konkretheit auf eine anschaulich-bildhafte Weise fasst, vollzieht sich die metapsychologische Formulierung der Fallrekonstruktion in einer diskursiven Symbolik, die das Typische und das Besondere eines vorliegenden Lebensdramas in den Konzepten einer immer weiter ausdifferenzierten, abstrakten, physikalistischen Sprache begreift (vgl. ebd., S. 186). Deren Kantigkeit erfordert zudem notwendig immer Spekulation und die fortwährende inhaltliche Interpretation der metapsychologischen Begriffe. Sie zwingt dazu, die jeweils konkreten Beziehungen des empirischen Besonderen zur psychoanalytischen Theorie immer wieder neu herzustellen, neu zu denken, neu zu bestimmen, und sich in diesem Zuge kritisch in ein Verhältnis zu beidem zu setzen: Der Logik der »Hermeneutik des Verdachts« (Ricœur 1968, S. 45) nach wird das empirische Besondere nicht zuletzt durch den Bezug auf die abstrakte metapsychologische Begrifflichkeit immer wieder daraufhin befragt, ob scheinbar Selbstverständliches vielleicht doch für etwas anderes steht oder in bislang ungesehene Funktionszusammenhänge eingebunden ist – und gleichzeitig müssen die Begriffe selbst in Bezug auf die Empirie immer wieder neu mit Inhalten gefüllt und diesen Inhalten entsprechend neu interpretiert werden.

1.5 Lorenzers Verständnis der Psychoanalyse als subjektive Strukturanalyse und als Gegenstück zur kritischen Gesellschaftstheorie

Schließlich lässt sich die psychoanalytische Methode mit Lorenzer (1974a) als ein sozialwissenschaftliches Verfahren beschreiben, dessen Thema die Behandlung der subjektiven Struktur ist, »die in gesellschaftlichen Prozessen hergestellte Organisation der Subjekte« (ebd., S. 213). Denn die neurotische Störung der Analysandin lässt sich als das Resultat einer beschädigten kindlichen und jugendlichen Sozialisation durch die Familie, durch Institutionen der frühen Bildung wie Kindertagesstätten oder Tageseltern, oder durch weitere enge Bezugspersonen begreifen, in deren Konflikten sich letztlich die gesellschaftlichen An- und Widersprüche einer spätkapitalistischen Produktionsweise reproduzieren. Daher kann in Bezug auf die psychoanalytische Hermeneutik von einer kritischen Methode gesprochen werden, weil sie am »Leiden des Individuums« und damit an der »Deformation subjektiver Struktur« ansetzt, die dabei stets »als objektiv verursacht zu denken« ist (ebd., S. 216). Somit wendet sich die psychoanalytische Hermeneutik »gegen die Faktizität unerträglichen Lebens« (ebd., S. 212).

Darüber, was die Psychoanalyse als Tiefenhermeneutik leistet, die ein kritisch-hermeneutisches und zugleich praktisch-änderndes Verfahren darstellt, dürfen freilich auch nicht die Grenzen dieser Wissenschaft übersehen werden. Wenn man sich vergegenwärtigt, dass der Gegenstand der Psychoanalyse »die gesellschaftlich hergestellte Persönlichkeitsstruktur« in einer konkreten geschichtlichen Situation ist (ebd., S. 284) und die neurotischen Beschädigungen als Folge deformierender Sozialisationsprozesse begriffen werden, dann darf doch nicht übersehen werden, dass diese Methode ausschließlich eine »Strukturanalyse« der »subjektiven Strukturen« leistet (ebd., 278). Die dahinter wirksamen objektiven Bedingungen vermag die Psychoanalyse nicht zu erfassen. Das bedeutet aber, dass die »Kausalgenese«, wie die subjektive Strukturanalyse mit einer Analyse der objektiven Bedingungen zu vermitteln ist, die »den theoretischen wie gegenwärtig-praktischen Rahmen der Psychoanalyse überschreitet und nur innerhalb einer historisch-materialistischen Gesellschaftstheorie« geleistet werden kann (ebd.).

Sozialisation ist daher nach Einschätzung von Lorenzer auf zweierlei Weise zu untersuchen: Die Psychoanalyse leistet kritisch-hermeneutisch eine subjektive Strukturanalyse, welche die Konstitutionen und neurotische Beschädigungen der Subjektivität analysiert und im Zuge eines praktisch-ändernden Verfahrens aufhebt (»heilt«). Die Marxsche Kritik der politischen Ökonomie untersucht dagegen, wie die Subjekte durch die ökonomischen und sozialen Widersprüche der gegenwärtigen kapitalistischen Produktionsweise beschädigt werden. So sehr es sich von selbst versteht, dass der Erwachsene durch den im Arbeitsleben stattfindenden Sozialisationsprozess beschädigt wird (was sich in der subjektiven Einschätzung vieler Arbeiter_innen und Angestellten spiegelt, die sich überfordert und ausgebrannt fühlen), so unübersehbar ist es zugleich, dass die Familie eine primäre Sozialisationsagentur bildet, welche die individuelle Struktur derart formt und zugleich das bereits Geformte beschädigt, so dass die Einzelnen lernen, sich anzupassen und gut zu funktionieren. Die familiale Sozialisation lässt sich daher als ein »Produktionsprozess« begreifen (ebd., S. 223), in dem mit einer bestimmten Triebstruktur, mit einer spezifischen Organisation des Ichs und des Über-Ichs die beschädigten subjektiven Strukturen hergestellt werden, die für das Funktionieren des sozialen und ökonomischen Systems erforderlich sind.

Gerade weil die Psychoanalyse als hermeneutisches Verfahren zugleich eine praktisch ändernde Methode darstellt, welche die einsozialisierten Strukturen durch die Aufhebung der Verdrängung sozial anstößiger Wünsche verändert, fungiert das tiefenhermeneutische Verfahren »selbst als *Sozialisationsprozess*« (ebd., S. 289). Da die Psychoanalyse als kritisch-hermeneutische Methode an den neurotischen Symptomen des Subjektes ansetzt und im Zuge einer biographischen Rekonstruktion seine Leidenserfahrungen so weit wie möglich bewusst macht und als »subjektive Erscheinung unerträglicher objektiver Widersprüche« fassbar macht (ebd., S. 290), ist sie darauf angelegt, sich gegen »den trügerischen Schein falschen Begreifens« und damit gegen das Schließen eines »falschen Friedens« mit den herrschenden Verhältnissen aufzulehnen (ebd.). Dabei ist es unübersehbar, dass »die ›diachrone‹ Aufarbeitung der Lebensgeschichte« letztlich »im Dienste der ›synchronen‹ Erfassung und Bereinigung von Strukturdeformationen steht« (ebd., S. 310).

Eben da die in der therapeutischen Psychoanalyse praktizierte Tiefenhermeneutik als praktisch änderndes Verfahren »punktuell jene Stellen ›selbstzufriedener Defizienz‹ zu beseitigen« vermag, die das Individuum »isolieren« und an das System anpassen, *kann* sie eine emanzipative Wirkung entfalten. »Die ›sinnliche‹ Erfahrung eigenen Leidens und die betroffene Teilnahme an der Beschädigung der anderen« kann insofern dazu führen, dass die Einzelne den Erwartungen anderer und den herrschenden Verhältnissen gegenüber kritisch wird, sich mehr abgrenzt und eigene Wünsche entwickelt (statt sich an die Erwartungen anderer anzupassen) oder auch anfängt, sich sozial oder politisch zu engagieren (statt sich gleichgültig in die Privatsphäre des Konsumierens zurückzuziehen) (ebd., S. 315).

2. Symboltheorie

> Die methodologische Frage, was der Gegenstand der klinischen Arbeit der Psychoanalyse ist und wie sich der Zusammenhang zwischen der Innenwelt der Analysandin mit der Außenwelt sozialen Interagierens begrifflich fassen lässt, untersucht Lorenzer, indem er den klassischen psychoanalytischen Symbolbegriff einer eingehenden Kritik unterzieht und in Auseinandersetzung mit den Forschungsergebnissen anderer Wissenschaften eine neue Symboltheorie entwickelt. Die Neurose begreift er daher als Ausdruck einer Symbolstörung, die zu einer eigentümlichen Sprachverwirrung führt. Die sich daraus ergebende Unterscheidung zwischen Symbol- und Symptombildung erscheint nicht nur auf der intrapsychischen Ebene (Traum und Neurose), sondern auch auf der intersubjektiven Ebene (Witz und Fehlleistung) und auf dem Niveau der Gruppenbildung (Neue soziale Bewegungen versus autoritäre Massenbildung) sinnvoll.

2.1 Klischee, Symbol und Zeichen

Bevor man sich mit dem psychoanalytischen Symbolbegriff auseinandersetzt, ist es sinnvoll, sich zunächst mit Freud zu vergegenwärtigen, wie der psychische Apparat seine Kräfte in der Spannung zwischen bewusstem und unbewusstem Erleben entfaltet: Wenn Freud von »unbewussten seelischen Vorgängen« spricht (Freud 1911, S. 231), dann meint er damit die »primäre« Tendenz des psychischen Apparates, Lust zu suchen und Unlust zu vermeiden. Den Triebregungen des Unbewussten ordnet Freud das psychische Geschehen des Primärprozesses zu. Was gewünscht wird, wird dem Lustprinzip« entsprechend »einfach halluzinatorisch gesetzt«, so wie das in Tagträumen oder in Nachtträumen geschieht (ebd.). Aber da der psychische Apparat die Erfahrung mache, dass das Gewünschte häufig mit der Realität kollidiert, entwickele sich in Anpassung an die Erfordernisse der Außenwelt der das Bewusstsein beherrschende Sekundärprozess, für den das »Realitätsprinzip« charakteristisch sei (ebd., S. 232): Anders als unter der Herrschaft des Lustprinzips werde fortan »nicht mehr vorgestellt, was angenehm« sei, vielmehr konfrontiere das Realitätsprinzip damit, »was real war, auch wenn es unangenehm sein sollte« (ebd.). Während Freud dem Primärprozess eine frei abströmende psychische Energie zuordnet, die »ohne Hindernisse nach den Mechanismen der Verschiebung und der Verdichtung von einer Vorstellung zur anderen übergeht«, begreift er den Sekundärprozess als eine »gebundene« und »in kontrollierter Form« abströmende psychische Energie, bei der durch den Aufschub von Befriedigungen »psychische Erfahrungen« gemacht werden, »die die verschiedenen möglichen Befriedigungswege erproben« (Laplanche, Pontalis 1967, S. 397).

Um zu veranschaulichen, was Freud mit dem Gegeneinander von Bewusstem und Unbewusstem konkret meint, greife ich auf ein Fallbeispiel aus meiner psychoanalytischen Praxis zurück. Es handelt sich um Herrn Ney[6], einen 24 Jahre alten Studenten, der in der 48. Sitzung einer tiefenpsychologischen fundierten Psychotherapie davon erzählte, wie er mit den Eltern Weihnachten gefeiert hat:

> In der letzten Vorlesungswoche vor den Feiertagen habe er mit einem exzematischen Hautauschlag reagiert. Am Morgen der Abreise zu den Eltern sei er mit einem Angsttraum erwacht, in dem es darum ging, dass seine Mutter gestorben war. Während sein Erschrecken über den Traum das bewusste Erleben widerspiegelte, dass er die Mutter liebt, verriet der Trauminhalt eine unbewusste Aggression gegen die Mutter, die sich angesichts der bevorstehenden Feiertage in die Worte übersetzen ließ: Wäre die Mutter tot, wäre Weihnachten nicht so anstrengend. Diese feindseligen Vorstellungen blieben unbewusst, weil sie mit der bewussten Liebe zur Mutter unvereinbar waren. Die sich im Traum niederschlagende unbewusste Aggression verrät, dass Herr Ney sich nicht ausreichend von der liebevollen, aber dominanten Mutter abgrenzen kann und sich daher allzu sehr ihren Erwartungen anpasst. Daher provozierte der aufgrund des Weihnachtsfestes bevor stehende enge Kontakt mit der Mutter das Wiederaufleben der verdrängten

6 Der Name des Patienten ist anonymisiert. Ich danke ihm herzlich für die Erlaubnis zur Veröffentlichung der vorliegenden Ausschnitte aus seiner Psychotherapie.

aggressiven Affekte, die sich auf symptomatische Weise durch die Erkrankung der Haut (das Grenzorgan zwischen Innen- und Außenwelt) und symbolisch durch den Traum einen Ausdruck verschafften.

Das Fallbeispiel illustriert, was mit der Symbolbildung in der Psychoanalyse traditionellerweise gemeint ist: Da sich im Traum Unbewusstes symbolisch darstelle (in diesem Fall geht es um verdrängte aggressive Impulse gegen die Mutter), gelangte Ernest Jones (1919) zu dem Schluss, dass die von Freud (1900) entwickelte psychoanalytische Symboltheorie darauf hinauslaufe, dass »nur was verdrängt ist, […] der symbolischen Darstellung« bedarf (Jones 1919, S. 244).

Eben diese Definition der Symbole, die jahrzehntelang das psychoanalytische Verständnis beherrschte, hat Lorenzer einer radikalen Kritik unterzogen. Die Einschätzung, dass das Unbewusste Symbole so produziere, wie es der Traum nahe lege, sei unhaltbar angesichts des neuen Symbolverständnisses, das sich in der mathematischen Logik, der Sprach- und Entwicklungspsychologie und schließlich in der Sprachphilosophie entwickelt habe. Denn in diesen Disziplinen werde die Symbolbildung mit jenen rationalen Prozessen verknüpft, »die man in der Psychoanalyse als Sekundärprozesse bezeichnet« (Lorenzer 1970a, S. 50).

Lorenzer untermauert seine Kritik mit dem Verweis auf Ernst Cassirer (1944), der den Menschen als »animal symbolicum« definiert hat (ebd., S. 40) und der »jede Energie des Geistes« als Symbolbildung begreift, zu der nicht nur die Sprache, sondern auch »die mythisch-religiöse Welt und die Kunst« gehören (Cassirer 1965, S. 175). Wenn aber Cassirer »das mythische Denken als eine archaische Stufe der Symbolbildung bezeichnet« (Lorenzer 1970b, S. 108), dann skizziert er nach Auffassung von Lorenzer »Bilder […], die genau der Freud'schen Beschreibung der Vorgänge unter Einwirkung des Primärprozesses entsprechen« (ebd.). Lorenzer ergänzt, dass Susanne K. Langer (1942) Cassirers Überlegungen durch die Unterscheidung von »präsentativen Symbolen« und »diskursiven Symbolen« ausdifferenziert hat (Lorenzer 1970b, S. 108)[7]. Während sie mit der diskursiven Symbolik die logische Ordnung der Sprache meint, die grammatischen Regeln folgt und sich eines übersetzbaren Vokabulars bedient, drückt die präsentative Symbolik Emotionen und Phantasien aus und thematisiert »Unsagbares«, das sich allein im Mythos, in der Kunst und in der Musik ausdrücken lässt. Wenn aber die den Affekten nahe stehende präsentative Symbolik Bilderwelten produziert und den Regeln der Verdichtung und Verschiebung folgt, dann artikuliert sie damit genau das, was Freud dem Primärprozess zuschreibt.

Lorenzer erinnert an David Beres (1965), der die Fähigkeit zur Symbolbildung als die den Menschen vom Tier unterscheidende Fähigkeit folgendermaßen definiert: Der Umstand, dass Tiere über ein Gedächtnis verfügen, das die Erfahrungen mit der Umwelt und Mitwelt abspeichert, lässt sich Beres zufolge darauf zurückführen, dass sie Sinneseindrücke »mental registrieren« (S. 3). Im Unterschied dazu sei das menschliche Gedächtnis dazu imstande, Erfahrungen »mental zu repräsentieren« (ebd.). Das heißt, dass Symbole »psychische Gebilde« sind, »die äußere Objekte und Vorgänge oder [auch] innere Vorgänge repräsentieren« (Lorenzer 1970a, S. 91).

Lorenzer reformuliert Freuds Topik daher auf die folgende Weise: Während das Es als ein strukturelles Unbewusstes zu begreifen sei (ebd., S. 71), »ein Reizzentrum« (ebd., S. 72), von dem aus die in der Körperlichkeit des Menschen wurzelnden Triebwünsche danach drängen, durch die Besetzung von Vorstellungen/Repräsentanzen bewusst zu werden (vgl. ebd., S. 71), sei die Symbolbildung »immer das Produkt einer einheitlichen Ich-Leistung, die sich auf unterschiedlichen Ebenen abspielt« (ebd., S. 69). Traumsymbole seien daher nicht ein unmittelbarer Ausdruck des Unbewussten, sondern würden sich auf einer niedrigeren Stufe der Ich-Organisation bewegen, auf der sich die Phantasie dadurch entfaltet, dass Triebwünsche sich an sinnlich-bildhafte Vorstellungen heften, die dem Organisationsniveau der präsentativen Symbolik entsprechen. Das »zielgerichtete Denken« entfalte sich dagegen auf einem höheren Organisa-

7 Zu der Frage, was Susanne Langers Unterscheidung zwischen diskursiven und präsentativen Symbolen für die Tiefenhermeneutik bedeutet, vergleiche auch König (2019a, S. 20-27).

tionsniveau der Ichbildung, auf dem Triebwünsche sich durch die Verknüpfung mit Worten in bewusste Vorstellungen übersetzen, die damit der diskursiven Symbolik der Sprache korrespondieren. Während sich die frei verschiebbaren Energien des Primärprozesses auf der niedrigeren Ebene der Ichorganisation entwickeln, entfalten sich die stabilen Besetzungen des Sekundärprozesses auf dem höheren Niveau der Ichorganisation, das über sublimierte und neutralisierte Triebenergien verfügt (vgl. ebd., S. 69f)[8].

Wenn die das Bewusstsein konstituierende Ichbildung mit der Entwicklung der Symbolbildung gleichzusetzen ist, dann bedeutet Verdrängung, dass die Triebrepräsentanz ihre Verbindung mit dem dazu gehörigen Symbol wieder verliert und derart »desymbolisiert« wird. Vergegenwärtigen wir uns diesen Prozess wiederum anhand des Beispiels aus der klinischen Praxis, das weiter ausdifferenziert werden soll:

> Dass es Herrn Ney schwerfiel, sich abzugrenzen, ist auf die Sozialisation seiner Affekte in der frühen Kindheit zurückzuführen. Da seine ängstliche Mutter befürchtete, dass das Kind sich verletzen könnte, schränkte sie den aggressiven Drang des Kindes, etwas in Angriff zu nehmen und die Dinge seiner Umwelt zu handhaben, allzu sehr ein, indem sie ihm Vieles abnahm und es ihm verbot, außerhalb des Gartens zu spielen. So hat sich in der kindlichen Erfahrungsstruktur eine negative Objektrepräsentanz (überfürsorgliche Mutter) gebildet, die in einen Gegensatz zum Gesamtgefüge der positiven Symbole geraten ist, die mit der Mutter verknüpft wurden (die liebende, die fürsorgliche, die tröstende Mutter). Aufgrund der Liebe zu seiner Mutter verzichtete der kleine Junge darauf, den eigenen Drang auszuleben, sich die Welt aktiv handelnd zu erobern, und verdrängte den aufgrund der mütterlichen Überfürsorglichkeit aufkommenden Ärger. Während die libidinöse Triebrepräsentanz (Liebe zur Mutter) aufrechterhalten wurde, wurde der aggressive Affekt gegen sie desymbolisiert. Eine Folge dieser frühkindlichen Sozialisation war, dass Herr Ney sich noch als Erwachsener durch das ständige Sich-Kümmern der Mutter um

8 Ich habe an anderer Stelle (vgl. König 2014, S. 82ff) rekonstruiert, wie Lorenzers Theorie eines doppelbödigen Ichs, das sich auf einer sinnlich-symbolischen und auf einer sprachsymbolischen Erlebnisebene organisiert, Piagets (1965) Unterscheidung zwischen einer symbolischen und einer begrifflichen Intelligenz entspricht.

> ihn eingeengt fühlte, sich aber stillschweigend anpasste und diesen Konflikt aus der bewussten Wahrnehmung ausblendete.

Lorenzer (1970a) führt den Begriff des »Klischees« ein, um die Triebwünsche zu bezeichnen, die durch Verdrängung desymbolisiert worden sind (S. 93). Wie das Klischee beschaffen ist, verdeutlicht er durch den Vergleich mit dem Symbol (vgl. ebd., S. 96-99): Während Symbole es dem Individuum ermöglichen, Triebwünsche und Verhaltensimpulse zu reflektieren und vernunftgeleitet zu handeln, gehen Klischees mit einem kopflosen Agieren einher. Klischees werden durch Szenen in Gang gesetzt, die das Auftauchen verdrängter Affekte provozieren. Während die Verfügung über Symbole ein »Probehandeln« ermöglicht, weil durch die Verfügung über Sprache verschiedene Situationen zueinander in Beziehung gesetzt, miteinander verglichen und daher verschiedene Optionen gedanklich durchgespielt werden, bevor die Handlung ausgeführt wird, setzen sich klischeebezogene Impulse hinter dem Rücken des Individuums durch und folgen einem Wiederholungszwang, dem entsprechend diese automatisierten Reaktionen stets in derselben Weise ablaufen. Während Symbole es dem Individuum daher ermöglichen, aus eigenen Fehlern zu lernen und neue Handlungsmöglichkeiten zu entwickeln, sind klischeebestimmte Prozesse irreversibel und wiederholen sich auf eine derart stereotype Weise, dass sie sich leicht chronifizieren. Was klischeebestimmtes Verhalten im Unterschied zum symbolischem Handeln konkret bedeutet, illustriert die von Herrn Ney geschilderte Weihnachtsfeier:

> Am ersten Weihnachtstag servierte die Mutter mittags einen Gänsebraten. Sie füllte die Teller mit der schmackhaften Speise nicht nur eigenhändig, sondern überhörte auch jedes »Nein danke, das ist jetzt genug« und gab eilig dann noch etwas mehr auf. Beim Kaffeetisch klagte die Mutter darüber, dass der Sohn nicht noch ein drittes Kuchenstück aß. Ob es ihm nicht schmecke? Auch beim Abendessen blieben Vater und Sohn keine Lachsbrötchen erspart. Wie sehr sie auch bekundeten, »jetzt wirklich satt« zu sein, die Mutter überredete sie erneut dazu, weiter zu essen, weil sie sich doch solche Mühe mit den Köstlichkeiten gemacht habe.

Das Interagieren der Mutter mit Herrn Ney ist Ausdruck eines überfürsorglichen Verhaltens, in dem sich gegensätzliche Verhaltensimpulse mischen. Auf der manifesten Bedeutungsebene dieser Interaktion feiert die Mutter mit ihrer Familie Weihnachten, indem sie Ehemann und Sohn von mittags bis abends immer wieder mit neuen Leckerbissen verwöhnt. Aber die Irritation, dass die Mutter Ehemann und Sohn stets zum Weiteressen überredet, obwohl sie wiederholt zum Ausdruck bringen, satt zu sein, offenbart einen hinter dem manifesten Sinn verborgenen latenten Sinn: Indem die Mutter die Wünsche der Familienmitglieder ignoriert und ihnen entgegen agiert, setzt sie ein eigenes Bedürfnis – etwa ihre Familie verwöhnen zu wollen[9] – in einer aggressiven und eindringenden Weise auf deren Kosten durch.

Symboltheoretisch lässt sich diese Interaktionsdynamik folgendermaßen beschreiben: Manifest ist das sprachsymbolische Handeln der Mutter, im Rahmen dessen sie sich mit Ehemann und Sohn über Vielerlei austauscht. Die Mutter hört geduldig zu, setzt sich damit auseinander, was erzählt wird und steuert eigene Beiträge zur Unterhaltung bei. Auf der latenten Bedeutungsebene setzt sich dagegen ein klischeebestimmtes Verhalten durch, dem entsprechend die Mutter Ehemann und Sohn wie Kleinkinder behandelt, die aufgrund von Appetitlosigkeit ständig zum Essen überredet werden müssen.

> Als Herr Ney darauf bestand, satt zu sein, reagierte die Mutter enttäuscht. Durch die Worte »Wofür habe ich mir all die Arbeit gemacht?« brachte sie ihre Gekränktheit zum Ausdruck. Plötzlich fuhr der Sohn aus der Haut und schrie die Mutter an, wieso sie nicht sehe, dass allen das Essen sehr geschmeckt habe, aber sie einfach platzen würden, wenn sie weiter essen? Da brauste auch die Mutter auf und warf dem Sohn wütend vor, sie könnte es niemand Recht machen. Empört stand sie vom Tisch auf und verließ weinend das Esszimmer.

Eben das ist mit klischeebestimmten Verhalten gemeint: Da die Mutter verdrängte Triebimpulse ausagiert, erreichen Einwände der Vernunft in Form der noch höflichen Bedürfnisanzeigen

9 Da wir die Mutter nur durch die Erzählung von Herrn Ney kennen, lässt sich auf ihr Bedürfnis und ihre Motive hinter der Überfürsorglichkeit, die ohne Zweifel in ihr eigenes Lebensdrama eingebunden sind, nur spekulieren. Ob Herr Neys Mutter – wie der Sohn glaubt – in ihrer Rolle als Ehefrau und Mutter aufgeht und diese genießt, muss angesichts der in der Überfürsorglichkeit verborgenen Aggression eher bezweifelt werden.

ihres Sohnes, nicht mehr weiter essen zu wollen und satt zu sein, sie überhaupt nicht. Vielmehr reagiert sie irrational und empfindet jeden weiteren Kommentar in dieser Richtung als einen verletzenden Angriff auf die eigene Person, der im Zuge der dramatischen Zuspitzung der Situation durch den wütenden Sohn ein hysterisches Agieren, Vorwürfe und Tränen zur Folge hat.

Wenn sich aber derart im Verhalten der Mutter ein klischeebestimmtes Verhalten durchsetzt, dann ist zu fragen, welche unbewussten Affekte sie ausagieren könnte. Versuchen wir auch diese Frage zu beantworten:

> Herr Ney zufolge geht seine Mutter völlig in ihrer Rolle als Hausfrau und Mutter auf. Ob dies ihrer Lebenswirklichkeit und Bedürfnislage entspricht, muss hier dahingestellt bleiben, weil wir ihre Seite der Geschichte nicht kennen. Klar wird allerdings, dass sich in der betont liebevollen Überfürsorglichkeit Aggressionen verbergen. Möglich wäre es, dass sich die Mutter zu Weihnachten, dem in der christlichen Kultur zelebrierten »Fest der Liebe« und Höhepunkt der alljährlich stattfindenden Familienfeiern, jedes Jahr aufs Neue mit den Festtagsvorbereitungen übernimmt. Dann geriete die Mutter, gerade weil sie ihren Familienmitgliedern eine besondere Freude machen will, in der Weihnachtszeit stets unter einen großen inneren Druck, würde nervös und reizbar. Eine andere Interpretation könnte daran ansetzen, die Überzeugung Herr Neys, dass seine Mutter in der Rolle als Hausfrau und Mutter völlig aufgehe, in Zweifel zu ziehen. Wäre dies nämlich nicht der Fall, wäre genauso denkbar, dass die Anforderungen der klischierten Geschlechterrollen in der Familie eine Zumutung für die Mutter darstellen, die ihre Aggression dann vielleicht in Gänsebraten und Lachsbrötchen vergraben müsste. Wie dem auch sei – die verdrängte Aggressivität setzt sich in der Weihnachtsszene freilich auf der latenten Bedeutungsebene des Interagierens verhaltenswirksam durch. Denn die Mutter drängt Vater und Sohn beim Weihnachtsessen alljährlich auf eine penetrante und intrusive Weise zum Weiteressen und überhört jedes »Nein, danke«.

Als sich Herr Ney zum ersten Mal in seinem Leben dagegen zur Wehr setzte und sich aufregte, schien in der zornigen Reaktion die blind ausagierte Aggression der Mutter auf, die normalerweise durch ihre Überfürsorglichkeit kaschiert wurde. Auf der manifesten Bedeutungsebene imponiert die Überfürsorglichkeit als mütterliche Liebe, auf der latenten Bedeutungsebene stellt sie sich dagegen als intrusiv, kontrollierend und entmündigend dar. Wenn die Mutter dem Sohn in der Situation schließlich vorwarf, sich so viel Mühe gemacht zu haben und nur Undank zu ernten, so verknüpft sie das klischeebestimmte Verhalten mit einer Rationalisierung, die ihr irrationales Agieren rechtfertigt und beschönigt.

> Das Familiendrama eskalierte weiter, als der Vater für die Mutter Partei ergriff und ärgerlich erklärte, sein Sohn solle sich gefälligst benehmen, solange er die Füße unter seinen Tisch stelle. So ergänzte der Vater das hysterische Agieren der Mutter durch eine zwanghafte Beschwörung von Ordnung und Anstand.

Das Gegenstück zum klischeebestimmten Verhalten, bei dem der Verlust der Symbolbildung mit einem beträchtlichen Zuwachs an Emotionalität einhergeht, stellt daher jene hölzerne Sprache dar, bei der mit »zunehmender Verallgemeinerung [...] eine Abnahme der persönlichen Bedeutung« einhergeht (Lorenzer 1970a, S. 95f). Lorenzer spricht davon, dass Symbole sich in diesem Fall in »Zeichen« verwandeln (ebd., S. 96). Während präsentative Symbole aufgrund ihrer Bildhaftigkeit eine affektive und lebensgeschichtliche Bedeutung für den Einzelnen haben, lösen sich diskursive Symbole mit zunehmendem Abstraktionsgrad von den Emotionen ab und gewinnen in ihrer Funktion für Denkoperationen eine entpersönlichte Bedeutung. Wie funktional die zeichenhafte Sprache auch bei der Berechnung der Statik eines Hauses sein mag, wenn der Vater mit zeichenhafter Sprache an seinen Sohn appelliert, dann verschärft er den Familienkonflikt:

> Im vorliegenden Beispiel vermittelte der Vater nicht, weil er aufgrund seiner zeichenhaften Sprache nicht auf den zwischen Mutter und Sohn entstandenen Beziehungskonflikt Bezug nahm, was er vermutlich Herr Neys ganzes Leben lang so gehalten hatte. Vielmehr trat er autoritär auf, indem er die bestehende Geschlechter- und Generationenordnung, ohne sie zu erwähnen, bestätigte, sich förmlich auf sein Hausrecht bezog und den Sohn durch den Vorwurf beschämte, sich nicht anständig zu benehmen.

Das dargestellte Szenario des Weihnachtsfestes entwickelt sich daher zum Familiendrama, bei dem sich unter dem Druck traditioneller Geschlechtsrollen klischeebestimmtes Verhalten und zeichenhaftes Sprechen immer wieder auf dieselbe stereotype

Weise reproduzieren. Dem Sohn ist es allerdings durch den Ausbruch von Empörung über das entmündigende Verhalten der Mutter gelungen, den allzu lange unterdrückten Ärger in Worte zu fassen und auf diese Weise Verdrängtes zu resymbolisieren.

2.2 Neurose als Sprachverwirrung und Symbolstörung

Nachdem gezeigt wurde, wie Lorenzer aus der Kritik des psychoanalytischen Symbolbegriffs ein neues Konzept der Symbolbildung entwickelt hat, das sich in der Spannung zwischen Klischee und Zeichen entfaltet, stellt sich die Frage, wie sich die neurotische Symptombildung nach Auffassung von Lorenzer als Ausdruck einer Störung des Symbolsystems beschreiben lässt. Untersucht werden soll diese Frage erneut anhand eines Fallbeispiels aus der psychoanalytischen Praxis. Es handelt sich um Herrn Arndt[10], einen zu Therapiebeginn 27 Jahre alten Studenten, der sich vor allem wegen massiver depressiver Verstimmungen, unter denen er schon in der Kindheit gelitten hat, einer auf 300 Sitzungen angelegten analytischen Langzeittherapie unterzogen hat, die mit einer Frequenz von zwei Wochenstunden durchgeführt wurde. Nachdem die depressiven Verstimmungen abgeklungen waren, trat in der aktuellen Behandlungsphase das Problem der Angst vor fremden Menschen in den Vordergrund. Es geht um die 228. Stunde, in der zum ersten Mal fassbar wurde, welche lebensgeschichtlichen Erfahrungen sich hinter seiner sozialen Phobie verbargen:

> »A: Samstagabend war ich spontan mit Freunden im Kino. Ich war eigentlich dagegen. Aber ich wollte vor die Tür. Ich habe mich selbst dazu überredet rauszugehen. Der Film war klasse. Hinterher, als wir aus dem Kino rauskamen, da war es draußen dermaßen voll. Das hat meine Stimmung ausgebremst. Ich wurde nachdenklich bis traurig. Wobei ich es mir auch wünsche, ab und zu auszugehen und Leute kennenzulernen. Aber ich kann das nicht! Ich lerne da keine Menschen kennen!

---

10 Der Name ist anonymisiert. Ich danke dem Patienten herzlich für die Freigabe der aus seiner Analyse geschilderten Szenen zur Veröffentlichung.

K: Was fällt Ihnen zum Umschlagen Ihrer Stimmung nach dem Kinobesuch ein, wenn Sie Ihre Gedanken schweifen lassen?
Längere Pause.
A: Ich fühle mich in mir gefangen.
Ich ließ die Worte des Analysanden auf mich wirken. Und während er eine Pause einlegte und schwieg, dachte ich darüber nach, woher das wohl komme, dass er sich so in sich gefangen fühlte.
K: Erinnert Sie das vielleicht an eine Situation von früher?
Lange Pause.
A: Nach der Schule habe ich mich selbst in mein Zimmer geflüchtet und mich abgekapselt. Das ist jetzt weniger der Fall. Aber. Als ich rauskam und all die Leute in den Cafés sah, all diese Leute, die Spaß hatten …
Pause.
K: Was war da?
A: Ich wollte auch ausgehen, Leute kennenlernen und Spaß haben.
K: Dann haben Sie doch denselben Wunsch wie diese Leute gehabt. Wo ist dann das Problem?
A: Ich habe Angst davor, auf neue Leute zuzugehen.
K: Haben Sie also mit Angst auf die Menschen in der Stadt reagiert?
A: Eher indirekt. Es ist eine zwiespältige Situation: Ich will neue Leute kennenlernen. Und ich habe Angst davor, neue Leute kennenzulernen.
K: Was befürchten Sie, was die Leute an sich haben könnten, was für Sie gefährlich ist? Was könnte das sein?
Längere Pause.
A: Dass sie meinen Humor nicht verstehen, meine Art zu denken nicht verstehen.
K: Geht es vielleicht um die Angst, dass andere Leute Sie so, wie Sie sind, ablehnen könnten?
A: Ja. Dass sie nichts mit mir zu tun haben wollen.
K: Ist Ihnen das früher schon mal passiert?
Lange Pause.
A: Ich überlege – wo nicht? Es war immer schon so! – In der Grundschule war ich oft Außenseiter. Weil die Anderen komisch waren. Das waren großkarätige Arschlöcher. Es waren Türken und Jugoslawen …
K: … die Sie als Deutschen ausgegrenzt haben?
A: Wenn ich mich an sie angepasst hätte, wäre es gegangen. Aber ich wollte nicht so sein. Laut, schnell handgreiflich, rebellisch.
K: Aggressiv?
A: Ja.

K: Haben Sie Angst gehabt, in die Schule zu gehen?
A: Nein, ich hatte einen Freund. Und der genügte. Ich hatte keine Lust, in die Schule zu gehen. Weil der Lehrer mit den Türken und Jugoslawen auch nicht klar kam. Er war kurz vor der Pensionierung. Er war völlig überfordert mit den Jungen, die ihm auf der Nase herumtanzten.
Pause.
Vielleicht hatte ich auch Angst, dass ich mit den Leuten nicht klar komme. Mit deren Art. Sie kamen mit mir nicht zurecht und ich nicht mit ihnen. Ich mag keine aufbrausenden, keine lauten Menschen.
Zunächst einmal überraschten mich die ›Türken und Jugoslawen‹ gegenüber zum Ausdruck gebrachten Vorurteile. Der Analysand vertrat doch sonst recht aufgeklärte Überzeugungen. Warum regte er sich dann derart über Mitschüler mit Migrationshintergrund auf? Darüber, dass mich seine Vorurteile störten, entging mir jedoch nicht das Gefühl dafür, dass ihn etwas quälte. Daher wollte ich wissen, ob sein Ärger irgendwie mit früheren Erlebnissen verknüpft war.
K: Kennen Sie aufbrausende und laute Menschen von früher?
Lange Pause.
A: Aufbrausend und laut war meine Mutter, wenn sie sich aufregte. Sie ließ sich nichts sagen, sie war empfindlich, schnell eingeschnappt und aggressiv.
Pause.
K: Dann wäre Ihre Mutter, wenn sie sich aufregte, ähnlich aggressiv wie die von Ihnen beschriebenen Türken und Jugoslawen gewesen.
Pause.
Das hört sich so an, als ob Sie da Türken und Jugoslawen gegenüber eine Phobie entwickelt hätten. Es stellt sich die Frage, ob Sie nicht vielleicht die Wut auf die laute Mutter, die sie ja auch liebten, verdrängt und auf die lauten Türken und Jugoslawen verschoben haben. So wäre die Beziehung zur Mutter dann wieder konfliktfrei geworden. Wenn diese Deutung stimmen würde, dann hätten Sie sich nicht an die türkischen und jugoslawischen Jugendlichen angepasst, weil Sie einfach die Nase davon voll hatten, sich an die Mutter anzupassen. Es wäre dann um eine doppelte Wut gegangen. Um eine Wut auf die lauten Mitschüler und um eine Wut auf die laute Mutter.
A: Ich weiß nicht, ob sich das so verlagert hat. Ich denke, es hat sich parallel entwickelt. Ich konnte den Stimmungen und Handlungsweisen meiner Mutter nicht über den Weg trauen. Und den

anderen Kindern konnte ich auch nicht trauen. Und ich konnte weder der Mutter noch den anderen Kindern mit Vernunft entgegentreten. Du musst denen aus dem Weg gehen. Ich vermied dann solche Menschen. Ich fing an, Menschen zu vermeiden.
K: Was haben Sie den Mitschülern gegenüber empfunden?
A: Vor allem Angst.
K: Können Sie das noch genauer beschreiben?
Lange Pause.
Angst und … Wut … eins von beiden … oder gar nichts davon? … Nichts von diesen Gefühlen war mir bewusst«

Nachdem ich die Worte des Analysanden noch einmal auf mich wirken ließ, habe ich ihm gespiegelt, was ich seinen Worten entnahm: Er hatte ja davon gesprochen, Menschen fortan vermieden zu haben. Die Vermeidung ist aber die Folge einer phobischen Angst. Da Angst und Wut die gute Beziehung zur Mutter störten, mit der er ja zusammenlebte, mussten diese negativen Affekte unbewusst gemacht werden. So lief die Deutung darauf hinaus, dass die der Mutter gegenüber verdrängten Vorstellungen wohl auf türkische und jugoslawische Mitschüler verschoben wurden, mit denen er ja jeden Kontakt vermeiden konnte.

Es geht in der Sitzung um ein Verstehen der sozialen Ängste von Herrn Arndt. Er schildert eine Szene aus dem Alltag, in der er seine Angst vor anderen überwunden und sich auf einen Kinobesuch mit Freunden in der City eingelassen hat. Aber nach dem Verlassen des Kinos hat ihn die Angst vor anderen Menschen wieder eingeholt. Im Zuge der Klärung dieser Szene wird fassbar, dass er Angst davor hatte, von Anderen wegen bestimmter Eigenheiten seiner Person ausgegrenzt zu werden. Zweimal fragt der Analytiker danach, ob ihn diese Situation der Angst vor anderen an eine Szene aus der Vergangenheit erinnere. Beide Male erinnert Herr Arndt Szenen aus der Schulzeit. Zunächst schildert er, dass ihm die Situation in der Schule so viel Angst gemacht habe, dass er anschließend nach Hause geflüchtet sei und sich in seinem Zimmer versteckt habe. Als ob er sich dorthin habe zurückziehen müssen, um sich wieder zu beruhigen. Als er auf die zweite Frage antwortet, kommt er darauf zu sprechen, schon in der Grundschule ein »Außenseiter« gewesen zu sein. Und als er sodann darüber redet, unter Mitschülern mit türkischem und jugoslawischem Migrationshintergrund gelitten zu haben, wird ihm seine Wut auf jene (»hochkarätige Arschlöcher«) bewusst. Zwar hätte er mit ihnen klarkommen können, wenn er sich angepasst hätte, aber er habe das nicht gewollt, weil er nicht so »laut, schnell handgreiflich, rebellisch« sein wollte wie die »Türken und Jugoslawen«.

Als er zu dem Schluss gelangt, einfach keine »lauten und aufbrausenden« Menschen zu mögen, weckt die Frage, ob er solche Menschen von früher her kenne, die Erinnerung an die eigene Mutter, die ebenfalls »laut und aufbrausend« gewesen sei. Als der Analytiker in der Form einer Frage die Deutung wagt, ob er nicht die Angst und Wut der Mutter gegenüber verdränge und auf türkische und jugoslawische Mitschüler verschoben habe, erwidert Herr Arndt, dass er das nicht glaube, weil sich die schwierige Beziehung zu ihnen *parallel* zur schwierigen Beziehung zur Mutter entwickelt habe. Er habe eigentlich sowohl den Umgang mit der Mutter als auch den mit diesen Mitschülern vermieden. Erst als der Analytiker danach fragt, welche Gefühle Herr Arndt denn ihnen gegenüber empfunden habe, wird es für ihn fassbar, dass es um Angst und Wut ging, Affekte, die ihm aber damals nicht bewusst waren. Diese Antwort bestätigt die Vermutung des Analytikers, dass die Beziehung zur Mutter ein Stück weit dadurch konfliktfrei geworden ist, dass er Affekte der Angst und Wut aus der Beziehung zu ihr verdrängt und auf »Türken und Jugoslawen« verschoben hat. Die Mitschüler eigneten sich für diese Verschiebung aufgrund der szenischen Ähnlichkeit, dass Herr Arndt sie als »laut und aufbrausend« wie die Mutter erlebte. Dass er anfing, auch den Umgang mit diesen Mitschülern mit südosteuropäischem Migrationshintergrund zu vermeiden, lässt sich dann als eine Folge dessen begreifen, wie sich seine Angst vor der Mutter generalisiert hat. Zuletzt gipfelt die Phobie darin, dass er die aus der Beziehung mit der Mutter verdrängten Affekte der Angst und Wut auf alle Menschen verschoben hat, die er aufgrund ihrer Fremdheit als so bedrohlich erlebt wie in der Schulzeit die türkischen und jugoslawischen Mitschüler.

Betrachtet man diese soziale Phobie symboltheoretisch, dann fällt auf, wie sich im Zuge der Verschiebung und Verdichtung eine »Bedeutungsidentität« entwickelt (Lorenzer 1970b, S. 129): Da die Angst vor der Mutter auf türkische und jugoslawische Mitschüler verschoben wird, verdichten sich in diesem

Symbol zwei Bedeutungen. Wenn Herr Arndt von »Türken und Jugoslawen« spricht, meint er einerseits die Mitschüler, andererseits die Mutter. Und wenn die Angst vor diesen Mitschülern auf fremde Menschen im allgemeinen verschoben wird, dann verdichten sich in dem Symbol »fremde Menschen« gleich drei Bedeutungen: Wenn Herr Arndt Angst vor Menschen hat, die er nicht kennt, dann meint er zunächst einmal Fremde, sodann die türkischen und jugoslawischen Altersgenossen aus der Schulzeit und schließlich auch die Mutter. Lorenzer spricht daher von einer »eigentümlichen Sprachverwirrung« (ebd., S. 126), die sich als eine »Störung der Symbolbildung« begreifen lasse (ebd., S. 130). Diese »eigenartige Sprachverwandlung« (ebd., S.. 129) komme auf der Basis einer durch Angst ausgelösten Regression auf »die niedere Symbolebene mythischen Denkens« zustande, »auf der eine solche Bedeutungsidentität besteht« (S. 130).

Die Ursache für diese Regression ist in der Abwehr des infantilen Konfliktes mit der Mutter zu sehen, den Herr Arndt als Kind nicht bewältigt hat. Die neurotische Lösung des Konfliktes besteht in einer Veränderung der Objektrepräsentanz »Mutter«. Aus dem Gefüge der symbolischen Objektrepräsentanzen »Mutter« werden bestimmte Objektrepräsentanzen wie »die launische Mutter« und »die schimpfende Mutter« herausgelöst. Diese negativen Objektrepräsentanzen und die dazu gehörigen aggressiven Triebanteile (Angst und Ohnmacht der Mutter gegenüber, Wut auf die Mutter) werden im Zuge des Ausschlusses aus dem Bewusstsein desymbolisiert. Fortan sind sie als Klischees wirksam, die zwar aus der sprachlichen Interaktion ausgeschlossen sind, aber als Triebkräfte wirksam bleiben, sobald eine aktuelle Situation das Wiederauftauchen dieser unbewältigten Affekte provoziert. Dies geschieht, als Herr Arndt in der Schule mit türkischen und jugoslawischen Mitschülern in Kontakt kommt, die er als so »laut und aufbrausend« erlebt wie die eigene Mutter. Durch die Verschiebung der infantilen Angst und Wut auf die Gleichaltrigen gewinnt das Symbol »türkische und jugoslawische Mitschüler« »einen Bedeutungsumfang, der von dem Sprachgebrauch der allgemeinen Verständigung abweicht« (ebd., S. 131). Das Wort »türkische und jugoslawische Mitschüler« wird Bestandteil einer »Privatsprache« (ebd.), weil Herr Arndt mit diesem Wort nicht nur die Gleichaltrigen, sondern unbewusst zugleich die Mutter meint. Das Klischee der unbewussten Wut auf die Mutter entfaltet daher hinter dem Rücken der bewussten Selbstverfügung von Herrn Arndt seine Wirkung, weil es in die Angst und Wut eingeht, die er fortan türkischen und jugoslawischen Mitschülern gegenüber empfindet, ohne dass ihm die Störung seines Symbolgebrauchs bewusst wird.

Es gibt zwei Gründe dafür, weshalb diese Verschiebung der Bedeutungen der sprachlichen Symbole gelingt: Die Mutter lässt sich mit diesen Mitschülern aufgrund der »szenischen Identität« ihres Verhaltens gleichsetzen (ebd., S. 132), weil das Auftreten beider von Herrn Arndt als »laut und aufbrausend« wahrgenommen wird. Zudem gibt es eine Übereinstimmung der Beziehungssituation, weil sowohl die Mutter als auch die Gruppe der türkischen und jugoslawischen Mitschüler dem Analysanden gegenüber »kraftvoll-mächtige Figuren« bilden (ebd., S. 133).

Entscheidend ist aber, dass die Privatsprache »pseudoumgangssprachlich« maskiert ist (ebd., S. 134): Die Mutter wird fortan als gute und liebe Mutter erinnert, weil die mit ihr verbundenen negativen Objektrepräsentanzen aufgrund von Verdrängung desymbolisiert und in Klischees verwandelt worden sind, die fortan eine unbewusste Wirksamkeit entfalten. Der Bedeutungsverarmung des Symbols »Mutter« entspricht daher eine Bedeutungsverdichtung auf Seiten des Symbols »türkische und jugoslawische Mitschüler«.

Im Zuge der phobischen Symptombildung tritt daher an die Stelle der aus der sprachlichen Kommunikation ausgeschlossenen negativen Objektrepräsentanzen der Mutter das Symbol der türkischen und jugoslawischen Mitschüler. Die Beziehung zur Mutter wird damit so konfliktfrei, wie das Symbol der Mutter zeichenhafter wird, weil es sich damit nur noch aus den übrig gebliebenen positiven Objektrepräsentanzen zusammensetzt. Wie damit das Gesamtsymbol »Mutter« eine »Bedeutungseinengung« erfährt, so wird die Bedeutung des Symbols »türkische und jugoslawische Mitschüler« ausgeweitet. Auch diese Bedeutungsveränderung entzieht sich sowohl Herrn Arndt als auch seinen Mitmenschen. Denn wenn er fortan von türkischen und jugoslawischen Mitschülern spricht, dann meint er auf der Bedeutungsebene seines bewussten Erlebens zwar die Gleichaltrigen, aber auf der Bedeutungsebene seines unbewussten Empfindens bezieht er sich auf die Mutter.

2.3 Symbol- und Symptombildung auf der Bedeutungsebene subjektiven Erlebens, sozialen Interagierens und der Gruppenbildung

Auf der Grundlage von Lorenzers Reformulierung des psychoanalytischen Symbolbegriffs wird fassbar, dass die Symbolbildung so gelingen und scheitern kann, wie es auf den folgenden Seiten beschrieben wird. Dabei ist zu beachten, dass drei Formen der Symbolbildung zu unterscheiden sind, die nicht selten verwechselt oder einander gleichgesetzt werden:

2.3.1 Symbolbildung auf der intrapsychischen Ebene

Die psychotherapeutische Arbeit des Psychoanalytikers bezieht sich auf die innere Erlebnisebene des Subjekts. Der von Freud beobachtete Umstand, dass »unsere Kultur [...] ganz allgemein auf der Unterdrückung von Trieben aufgebaut« ist (Freud 1908, S. 149), hat zur Folge, dass das Individuum nur den mit der herrschenden Moral vereinbaren Wünschen eine Befriedigung verschafft, es sozial anstößige Wünsche dagegen verdrängen muss. Was der Einzelne tagsüber emotional nicht verarbeitet, vermag er allerdings nachts durch die Traumarbeit zu bewältigen: Den der Verdrängung unterworfenen, aber durch Tagesreste aktualisierten Triebregungen ermöglicht das Ich unbewusst eine Befriedigung, weil sie sich während des Schlafs vermittels des Traums einen sinnlich-symbolischen Ausdruck verschaffen.

Der Einzelne erkrankt jedoch nach Auffassung von Freud (1908) an einer Neurose, wenn das Ausmaß der zu verdrängenden Triebregungen über die »Grenze« hinausgeht, die dem Einzelnen aufgrund seiner leiblichen »Konstitution« und damit aufgrund der besonderen Konstellation seiner Triebstruktur gesetzt ist (ebd., S. 154). Die Triebregungen rächen sich dann für die Verdrängung, indem sie sich hinter dem Rücken der bewussten Selbstverfügung gewaltsam vermittels der Symptombildung durchsetzen. Die geschilderte soziale Phobie illustriert beispielhaft, wie ein Student sich als Schüler der seit der frühen Kindheit entstandenen aggressiven Triebimpulse gegen die Mutter entledigte, indem er den durch Verdrängung desymbolisierten Affekten durch die Verschiebung auf Mitschüler mit Migrationshintergrund einen symptomatischen Ausdruck verschaffte. Während das Ich die Wiederkehr verdrängter Triebregungen mit Hilfe des Traums auf eine sinnlich-symbolische Weise verarbeitet, stellt die Phobie einen »schlechten Kompromiss« dar (Lorenzer 1981a, S. 111), weil sich etwa der aggressive Triebimpuls gegen die Mutter in der Symptombildung zwar rücksichtslos durchsetzt, jedoch zugleich »verstümmelt« wird. »Anstatt zur Befriedigung des ursprünglichen Impulses kommt es zur Ersatzbefriedigung in Formen, die sozial zugelassen sind« (ebd.). Wie bei der Symbolbildung der unbewusste Triebimpuls mit Worten verbunden wird, so wird die Symptombildung (Angst vor türkischen und jugoslawischen Mitschülern) mit einer »Sprachschablone« verknüpft (ebd.), welche die Ersatzbefriedigung rechtfertigt und beschönigt (ebd.). Die Folge der Phobie ist eine Beziehungsstörung, aufgrund derer der beschriebene Student in Verbindung mit seiner Depression zu einem scheuen Einzelgänger wurde, der dem Kontakt mit anderen den Rückzug in seine Privatwelt vorzog, ein Vermeidungsverhalten, das seine sozialen Ängste wiederum verstärkte.

2.3.2 Symbolbildung auf der intersubjektiven Ebene

Von symbolischer Interaktion[11] wird in der Psychoanalyse dann gesprochen, wenn es dem Individuum gelingt, im Interagieren

11 Mit dem symbolischen Interaktionismus teilt die von Lorenzer entwickelte psychoanalytische Interaktionstheorie die Perspektive darauf, dass die Akteure und Akteurinnen den sozialen Interaktionen einen subjektiven Sinn beilegen und sich im Medium des kollektiven Symbolsystems der Sprache auf eine tentative Weise über individuelle Bedürfnisse, soziale Erwartungen und Normen verständigen (vgl. Turner 1962). Anders aber als beim symbolischen Interaktionismus, der die Motive der Akteure auf sprachlich artikulierte, bewusste Handlungsgründe reduziert (vgl. Strauss 1968), geht es in der Psychoanalyse dagegen auch um unbewusste Motive, die sich hinter den sprachlich artikulierten Motiven verbergen.

mit anderen Triebwünsche durch den Austausch von Gesten auf eine sinnlich-bildhafte oder durch Worte auf eine sprachsymbolische Weise zum Ausdruck zu bringen. Von symptomatischer Interaktion wird dagegen dann geredet, wenn sich der Verdrängung anheim gefallene Triebwünsche hinter dem Rücken der bewussten Selbstverfügung verhaltenswirksam durchsetzen und die Kommunikation mit anderen stören oder verzerren. Fehlleistungen sind ein Beispiel dafür, wie das Alltagsleben regelmäßig dadurch gestört wird, dass sich durch Verdrängung desymbolisierte Triebregungen hinter dem Rücken des Bewusstseins auf eine symptomatische Weise durchsetzen. Wenn sich der Angestellte im Büro mit den Worten an seine Kollegen wendet »Ich fordere Sie auf, auf das Wohl unseres Chefs aufzustoßen« (zitiert nach Freud 1901, S. 62), dann entgleist die sprachsymbolische Interaktion[12]. Seine manifeste Intention war es, mit den Kollegen auf das Wohl des Vorgesetzten »anzustoßen« (ebd.). Aber durch die Fehlleistung verrät er den Kollegen und dem Chef einen verdrängten aggressiven Triebimpuls, dem entsprechend es ihm auf einer latenten Bedeutungsebene zuwider ist und es ihn »ankotzt«, auf die Gesundheit des Chefs anzustoßen. Die Folge ist, dass das sprachsymbolische Interagieren durch das symptomatisches Agieren eines aggressiven Affektes unterlaufen wird, durch das der Handelnde einen sozial nicht akzeptierten Lebensentwurf auf eine ihm peinliche Weise öffentlich eingesteht.

Das Individuum, das einen Witz macht, vermag dagegen einen anstößigen Triebimpuls auf eine sozial anerkannte Weise derart Ausdruck zu verleihen, wie es das folgende Beispiel illustriert:

> »Das Ehepaar X lebt auf ziemlich großem Fuße. Nach der Ansicht der einen soll der Mann *viel verdient* und sich *dabei etwas zurückgelegt* haben, nach anderen wieder soll sich die Frau *etwas zurückgelegt* und *dabei viel verdient* haben« (zitiert nach Freud 1905, S. 32).

---

12 Eine eingehende Erörterung dieser Fehlleistung, die gedankenexperimentell in den Kontext der Interaktionen in einem Start-up-Unternehmen gestellt wird, findet sich in König (2019b, S. 38ff).

Der Witzeerzähler scheint dem Ehepaar X seinen Lebenswandel zu neiden. Aber da die Moral es ihm verbietet, offen über das Paar zu lästern, unterdrückt er seinen negativen Affekt, verschafft ihm jedoch durch einen sexistischen Witz auf deren Kosten einen Ausdruck. Während er auf der manifesten Bedeutungsebene sachlich erzählt, wie das Ehepaar zu seinem Vermögen gekommen sein könnte, verschafft er auf der latenten Bedeutungsebene seiner Aggression einen Ausdruck, indem er die Einschätzung wagt, dass das Ehepaar entweder durch das berufliche Geschick des Mannes oder aber durch das von der Frau praktizierte »horizontale Gewerbe« viel Geld verdient hat. Zwar verletzt der Erzähler durch die üble Nachrede die Moral, aber weil er das auf eine den Schein des Anstands wahrende witzige Weise tut, bringt er Zuhörer zum Lachen und gewinnt sie als Publikum für seinen Witz. Im Unterschied zur Fehlleistung, deren Resultat ein symptomatisches Agieren eines desymbolisierten Triebimpulses ist, ist der Witz daher mit einem sprachsymbolischen Interagieren verbunden. Denn der Witz verschafft sozial anstößigen Triebimpulsen einen symbolischen Ausdruck.

2.3.3 Symbolbildung auf dem Niveau der Gruppenbildung

In Anschluss an Freud (1921) spricht Lorenzer (1981a) von einer Massenbildung dann, wenn sich wie im Nationalsozialismus der Hetzredner an die neurotischen Beschädigungen seiner Zuhörer wendet und sie durch das Wecken infantiler Ängste und Wutgefühle für die antisemitische Weltanschauung einnimmt. Das Aufgreifen der durch Verdrängung desymbolisierten aggressiven Triebimpulse durch die Weltanschauung des Nationalsozialismus bewirkt, dass »der falsche Name für den Triebkonflikt« (aus dem gehassten Vater werden gehasste Juden) mit der »falschen Antwort aufs soziale Problem« (Pogrome statt Klassenkampf) verknüpft wird (S. 122). »Objektive Verblendung und individuelle Pathologie treten zueinander zu einem stabilen Kurzschluß« (ebd.). Wenn Lorenzer hinzufügt, dass das weltanschauliche Angebot sich an »Schablonen als dem Kern eines falschen Ich« wendet (ebd.), dann hebt er darauf ab, dass für diese politische Agitation die den eigenen Bedürfnissen entfremdete autoritäre Persönlichkeit ansprechbar ist, die sich den Mächtigen unterwirft und sich aufgrund ihrer Sprachschablonen über die eigene Psychopathologie hinwegtäuscht. So wird die »Asozialität« der den Einzelnen isolierenden Symptomatik aufgelöst, weil er nun in das organisierte Bewusstsein einer Masse integriert ist, in der er das eigene Leiden unter der Symptombildung als ein mit anderen Antisemiten geteiltes »Schicksal« erlebt, dem entsprechend der Hass auf Juden sowohl als Ursache für persönliche Leidenserfahrungen als auch als Wurzel für soziale Konflikte erklärt wird.

Die soziale Phobie, die Herr Arndt entwickelt, stellt sich aus der Perspektive einer kollektiven Symbolbildung noch einmal in einem anderen Licht dar. Denn dieser Analysand verschiebt im Jugendalter auf türkische und jugoslawische Mitschüler nicht nur unbewältigte Affekte der Angst und Wut aus der infantilen Beziehung mit der Mutter. Vielmehr übernimmt er ihnen gegenüber zugleich auch das ethnozentrische Vorurteil, das in Deutschland Menschen mit türkischem oder jugoslawischem Migrationshintergrund gegenüber verbreitet ist. Auf diese Weise gestaltet er durch die Phobie nicht nur die Beziehung zur Mutter konfliktfrei. Vielmehr wird die Entwicklung der jugendlichen Identität auch durch die Übernahme des fremdenfeindlichen Vorurteils stabilisiert, sich als Deutscher türkischen und jugoslawischen Mitschülern überlegen zu fühlen. Durch die Zuschreibung, dass es sich um »hochkarätige Arschlöcher« handele, werden diese Mitschüler als der letzte Dreck verachtet. Die falsche Antwort auf den Triebkonflikt (aus der Wut auf die Mutter wird die Wut auf türkische und jugoslawische Mitschüler) verknüpft der gegen Unsicherheit und Angst ankämpfende Jugendliche so mit der falschen Antwort auf das soziale Problem (Fremdenfeindlichkeit statt kulturelle Vielfalt). Die soziale Phobie verwandelt sich derart in eine Xenophobie, der entsprechend Türken und Jugoslawen als Fremde ausgegrenzt und – aufgrund der auf sie projizierten aggressiven Vorstellungen – als gefährlich gefürchtet werden. Die Schlussfolgerung wäre falsch, Herrn Arndt aufgrund dieses Vorurteils als fremdenfeindlich zu bezeichnen. Schließlich ist es vorstellbar, dass er aufgrund seiner Aufgeklärtheit und Sensibilität für das eigene Erleben ein solches fremdenfeindliches Vorurteil selbstkritisch reflektiert. Ein solches Vorurteil kann freilich dann, wenn es nicht wahrgenommen und nicht in Frage gestellt wird, auch für rechtsextreme Propaganda anfällig machen.

Eine ganz andere Form der Gruppenbildung konstituiert sich etwa in der Neuen Linken der 68er-Bewegung. Herbert Marcuse (1969) prägte den Begriff der »Neuen Sensibilität«, um die neue Art und Weise zu bezeichnen, mit der die studentische Protestbewegung die »Herrschaft der Väter von Auschwitz und Vietnam« zu durchbrechen suchte (S. 44f). Da der Monopolkapitalismus durch die massenhaft auf den Markt geworfenen Waren und Unterhaltungsangebote »seine Herrschaft in der Triebstruktur der Subjekte« verankert habe (ebd., S. 33), habe sich mit der Neuen Linken eine Protestbewegung entwickelt, welche nicht nur nach politischer, sondern auch nach sexueller Befreiung drängte (ebd., S. 46). Die »politische und sexuelle Revolte« der Neuen Linken dokumentiere die Einsicht, dass eine gesellschaftliche Revolution nicht von Menschen geschaffen werden könnte, deren Triebstruktur durch die autoritäre Unterwerfung unter die Ordnung des Staates und durch das naive Konsumieren der Waren der Monopolkapitalismus deformiert sei. Vielmehr könne die soziale Revolution nur von Menschen getragen werden, die ihre Sexualität und ihre Phantasie befreit haben.

Wenn die studentische Protestbewegung etwa bei Demonstrationen den Spruch generierte »Die Phantasie an die Macht«, dann verschaffte sie derart bislang nicht bewusst gewordenen Wünschen und Träumen einen symbolischen Ausdruck und richtete sich damit gegen die verkrusteten Machtverhältnisse, welche eine autoritäre Vätergeneration hervorgebracht hatte, der die sexualfeindliche Moral so selbstverständlich war wie der Krieg als Mittel der Politik. Die Neue Linke der 68er Generation »vereinigt die Einzelnen [daher] nicht an den Punkten ihrer versteinerten Angepasstheit über Symptome, sondern an jenen Punkten, in denen die Liebesfähigkeit und die Reflexion unangetastet blieben« (Lorenzer 1981a, S. 129f). Die »Selbstbetroffenheit« wird in diesem Fall zur »fruchtbaren Irritation«, weil die Individuen sich durch die sinnlich-symbolische und sprachsymbolische Verständigung in der Gruppe über die gesellschaftlichen Ursachen ihres persönlichen Leidensdrucks verständigen und durch die gemeinsame Kritik der herrschenden Verhältnisse zu einer »kreativen Debatte und zu einer kreativen Neugestaltung des Verhältnisses von Individuum und gesellschaftlichem Zustand« gelangen (ebd., S. 130).

Die Analyse zeigt, dass der Symbolbegriff ein Gelenkstück zwischen der subjektiven Erlebniswelt des Einzelnen und der sozialen Welt darstellt, in der das Individuum mit anderen interagiert und sich mit ihnen zu Gruppen zusammenschließt. Während der Traum, der Witz und eine aufklärerische Gruppenbildung wie die studentische Protestbewegung der 68er Beispiele dafür sind, wie die Symbolbildung auf den Organisationsniveaus der subjektiven Erlebniswelt, der sozialen Interaktion und der Gruppenbildung gelingen kann, sind die neurotische Symptombildung, die Fehlleistung, das Vorurteil und eine reaktionäre Gruppenbildung wie die nationalsozialistische oder eine rechtsextreme Massenbildung Beispiele dafür, wie die Symbolbildung auf allen drei Bedeutungsebenen scheitern und eine Symptombildung zur Folge haben kann.

Nachdem Lorenzer untersucht hatte, dass der Gegenstand der klinischen Psychoanalyse das Erleben des Analysanden ist, das sich in der Spannung zwischen seiner Fähigkeit zur Symbolbildung (auf dieser Grundlage kommt das Arbeitsbündnis mit dem Analytiker zustande) und seinem Gefangensein in der Symptombildung entfaltet (die sich in seinen neurotischen Verwicklung darstellt), stellte er sich die – im folgenden Kapitel darzustellende – Aufgabe, wie eigentlich der Analytiker in seiner klinischen Arbeit methodisch verfährt.

3. Szenisches Verstehen

Die Methode, die die Analytikerin in ihrer klinischen Arbeit praktiziert, bezeichnet Lorenzer als ein »szenisches Verstehen«, das vom logischen Verstehen der Mitteilungen der Analysandin und vom psychologischen Verstehen ihrer Emotionen zu unterscheiden sei. Am Beispiel der Analyse des »Rattenmanns« wird rekonstruiert, wie sich schon Freud eines szenischen Verstehens bediente. Wie Lorenzer in Auseinandersetzung mit Wittgensteins Sprachspielbegriff ausführt, vermag das szenische Verstehen das aus Sprache ausgeschlossene Unbewusste zu verstehen, weil die Analytikerin unbewusst Anteil hat an der Lebenspraxis, die die Analysandin im Zuge ihrer Erzählung reinszeniert. Wie unbewusste Teilhabe an der Lebenspraxis der Analysandin und die Gegenübertragung der Analytikerin szenisches Verstehen ermöglichen, wird sodann anhand einer Sitzung aus der analytischen Behandlung einer Promotionsstudentin illustriert.

3.1 Logisches Verstehen, psychologisches Verstehen und szenisches Verstehen

Im Zuge der methodologischen Untersuchung der Frage, was die Psychoanalytikerin macht, ist Lorenzer darauf gestoßen, dass sich das psychoanalytische Verstehen aus drei unterschiedlichen Formen des Verstehens zusammensetzt.

1. Wenn die Analysandin auf der Couch ihre Gedanken und Gefühle in Worte fasst, versucht die Analytikerin erst einmal die Mitteilungen und deren sprachlichen Zusammenhang zu verstehen. Dabei geht es der Analytikerin nicht um die Frage, ob das Mitgeteilte wahr ist. Vielmehr sucht sie den Sinn der Mitteilungen auf der Grundlage eines »logischen Verstehens« der geschilderten Bedeutungszusammenhänge zu erschließen (Lorenzer 1970b, S. 83). Angelpunkt des Verstehens sind die Sätze, deren Bedeutung sich der Analytikerin aufgrund der mit ihr geteilten »Sprachgemeinschaft« erschließt (ebd., S. 89). Wenn die Ana-

lysandin zum Beispiel von ihrer Arbeit erzählt, erschließt sich der Analytikerin ein erstes Verstehen in dem Maße, wie sie den Sinn der mitgeteilten Sätze mit eigenen Vorstellungen aus beruflichen Erfahrungszusammenhängen füllen kann. Aber erst dann, wenn die Analysandin die sie am Arbeitsplatz belastenden Probleme in allen Details erzählt hat, eröffnet sich der Analytikerin ein vollständiges logisches Verstehen. Denn mit Hilfe der allgemeinen Begriffe der Sprache kann die Analytikerin nun aus dem Gesamtzusammenhang des von der Analysandin konstruierten Symbolgefüges die besondere Bedeutung der Sätze erschließen, mit deren Hilfe diese die logische Struktur einer bestimmten Sachlage am Arbeitsplatz darstellt.

2. Zugleich teilt die Analysandin der Analytikerin durch Mimik, Gestik und Tonfall ihre affektive Verfassung mit. Diese Form der über den Austausch von Gesten stattfindenden nonverbalen Kommunikation beginnt mit der Begrüßung und endet mit der Verabschiedung. Ob die Analysandin die Analytikerin schüchtern, gereizt oder selbstbewusst begrüßt, ob sie sich auf der Couch zurückhaltend, genervt oder entspannt niederlässt, ob sie ängstlich, verärgert oder gut gelaunt spricht, die Analytikerin erschließt sich durch »Nacherleben« die emotionale Stimmung der Analysandin (ebd., S. 100). Aber auch dieses »psychologische Verstehen« der in Mimik, in Gesten, in Tonfall und in Körperhaltung zum Ausdruck gebrachten Affekte (ebd., S. 101) gelingt erst dann vollständig, wenn die Analytikerin die besondere Bedeutung der verschiedenen Gesten aufgrund des Kontextes der jeweiligen dramatischen Handlung erfassen kann. Damit ist gemeint, dass das Nacherleben vom Gesamtverlauf des Handlungsdramas abhängt, im Rahmen dessen die Analysandin in einer bestimmten Stimmung die Analytikerin begrüßt, auf der Couch mit einer besonderen Gestik und einem bestimmten Tonfall eine entsprechende Affektlage ausdrückt, sich die Stimmung unter dem Einfluss der Bearbeitung der am Arbeitsplatz auftretenden Konflikte wandelt und die Analysandin sich – wenn sich der Konflikt auflösen lässt – am Sitzungsende erleichtert und entspannt verabschiedet. Wie Meads (1934) Begriff der signifikanten Geste verdeutlicht, haben die im Interagieren zum Ausdruck gebrachten Gesten eben deshalb eine intersubjektive Signifikanz, weil die Gesten der Analysandin und der Analytikerin

in einer »Handlungsgemeinschaft« wurzeln, »die zugleich Sprachgemeinschaft« ist (Lorenzer 1970b, S. 103).

3. Mit dem »szenischen Verstehen« (ebd., S. 142) ist ein über das logische Verstehen und das psychologische Verstehen hinausgehender dritter Modus des Verstehens gemeint, der das Verdrängte zu erfassen sucht, das der neurotischen Erkrankung zugrunde liegt. Die Auseinandersetzung mit Unbewussten konfrontiert freilich mit einer Paradoxie: Wenn doch das analytische Gespräch im Medium der Sprache stattfindet, wie kann die Analytikerin dann Unbewusstes erschließen, das sich doch außerhalb der Sprachlichkeit befindet? Denn beim Verdrängten handelt es sich um das aus der Sprache mit anderen »Ausgesperrte«, das sich »außerhalb der symbolischen Kommunikationen« befindet (ebd., S. 104). Dem szenischen Verstehen erschließt sich ein Zugang zum Unbewussten, weil die Analytikerin die Mitteilungen der Analysandin auf das eigene Erleben wirken lässt und ihre gleichschwebende Aufmerksamkeit auf die Beziehungssituation richtet, die sich zwischen der Analysandin und ihr entfaltet. Was auch immer die Analysandin erzählt, ihre Mitteilungen werden als Inszenierung von bewussten und unbewussten Wünschen, Ängsten und Phantasien in der Beziehung mit der Analytikerin verstanden. Ob es um eine aktuelle Situation, um eine infantile Situation oder um eine Übertragungssituation geht, die Bedeutung all dieser Szenen lässt sich nur auf der Grundlage der Interaktionsszenen verstehen, die die Analysandin mit der Analytikerin arrangiert. Das szenische Verstehen richtet sich daher auf »die Interaktionsmuster, die es erlauben, die unterschiedlichen Erlebnisse als Ausprägung einer und derselben szenischen Anordnung zu erkennen« (ebd., S. 144).

Halten wir einen Augenblick inne, um im Rückgriff auf ein Beispiel aus dem Alltag zu erfassen, worum es hier geht: Die Studentin, die den Worten ihrer Kommilitonin zuhört, die von der letzten Vorlesung erzählt, versucht zunächst einmal, den logischen Sinn der Erzählung zu verstehen. Zugleich erfasst sie durch Nacherleben die in Mimik und Gestik zum Ausdruck gebrachte Enttäuschung ihrer Mitstudentin, die ihren Ärger über den Hochschullehrer, der so langweilig doziert hat, nur mühsam unterdrücken kann. Was das Besondere des szenischen Verstehens ausmacht, erschließt sich jedoch erst, wenn die Studentin nach diesem Gespräch zu spät den Seminarraum betritt, in dem die nächste Veranstaltung schon begonnen hat. Obgleich die Dozentin und die Student_innen ihren Wortwechsel augenblicklich unterbrechen und zu ihr hinschauen, als sie die Tür öffnet, bekommt sie intuitiv mit, was für eine angespannte Stimmung im Seminar ist. Sie spürt die »dicke Luft«, die im Seminarraum herrscht, obgleich sie überhaupt nicht miterlebt hat, worüber geredet worden ist. Mit dem szenischen Verstehen ist eben dieses spontane Erfassen der Beziehungssituation gemeint, welche sich zwischen der Dozentin und den Studierenden entwickelt hat und die anhält, auch wenn der ausgetragene Streit durch die eintretende Studentin unterbrochen wird.

3.2 Das szenische Verstehen als die von Freud bei der Analyse des »Rattenmanns« praktizierte Methode

Wie sich die Analytikerin das der neurotischen Erkrankung zugrunde liegende Unbewusste der Analysandin mit Hilfe des von Lorenzer so bezeichneten »szenischen Verstehens« erschließt (vgl. ebd., S. 138ff.), soll anhand von Fragmenten einer Krankengeschichte von Freud (1907) illustriert werden. Es handelt sich um die Therapie des sogenannten »Rattenmannes«. Wie man dem Buch von Patrick Mahony (1986) entnehmen kann, verbirgt sich hinter dem Rattenmann Ernst Lanzer ein Jurastudent, der das Erstgespräch mit Freud mit den Worten eröffnete, seit der Kindheit unter Zwangsvorstellungen zu leiden, die seit vier Jahren besonders quälend geworden seien und in der Angstvorstellung gipfelten, dem Vater und seiner Freundin könnte etwas Schreckliches zustoßen. Gegen den dadurch ausgelösten Zwangsimpuls, sich mit dem Rasiermesser den Hals abzuschneiden, wehre Lanzer sich durch eine Reihe von Verboten. Im Übrigen sei seine Sexualität »kümmerlich« (Freud 1907, S. 384). Mit den Worten, »alles zu sagen, auch wenn es ihm unangenehm sei, auch wenn es ihm unwichtig, nicht dazu gehörig oder unsinnig erscheine« (ebd., S. 385), forderte Freud seinen Analysanden dazu auf, der Regel der freien Assoziation entsprechend alles zu erzählen, was ihm spontan einfalle.

Die für die Darstellung des szenischen Verstehens erforderlichen Ausschnitte aus Lanzers Krankengeschichte lassen sich folgendermaßen zusammenfassen: Zwei Monate vor seinem ersten Besuch bei Freud hatte Lanzer als Reserveoffizier an einem Manöver teilgenommen, bei dem er einen grausamen Hauptmann kennengelernt hatte. Da dieser Hauptmann wiederholt für die Einführung der Prügelstrafe eintrat, widersprach Lanzer ihm energisch. Aber dann habe der Hauptmann von einer »besonders schrecklichen Strafe im Orient« (ebd., S. 391) erzählt, bei welcher der Verurteilte angebunden und über sein Gesäß ein Topf mit Ratten gestülpt würde, »die sich – er war wieder aufgestanden und gab alle Zeichen des Grausens und Widerstandes von sich – einbohrten« (ebd., S. 392). Als Freud »in den After« ergänzte (ebd.), beobachtete er bei seinem Analysanden einen »sonderbar zusammengesetzten Gesichtsausdruck«, den er als »Grausen vor seiner ihm selbst unbekannten Lust« interpretierte (ebd.). Auf Freuds Frage hin antwortete Lanzer nach anfänglichem Zögern, er habe damals daran denken müssen, die Rattenstrafe werde an seiner Freundin und an seinem Vater vollzogen (vgl. ebd., S. 392f.). Sodann erzählte Lanzer, dass der Hauptmann ihm anschließend einen Auftrag gab, gegen den er innerlich rebellierte. Aber da sich ihm die Vorstellung aufdrängte, dass im Falle seines Ungehorsams die Rattenstrafe am Vater und an der Freundin vollzogen würde, legte er einen Eidschwur ab, den Auftrag auf jeden Fall auszuführen. Am Ende der Sitzung war er so verwirrt, dass er Freud mehrmals mit »Herr Hauptmann« ansprach (ebd., S. 394).

Schon diese wenigen Zeilen verdeutlichen, wie sich das szenische Verstehen des Analytikers entwickelt. Während Freud den Analysanden zur freien Assoziation auffordert, sammelt er mit »gleichschwebender Aufmerksamkeit« alle spontan zur Sprache gebrachten Einfälle. Mit George Devereux (1951) spricht Lorenzer davon, dass sich die Einfälle des Analysanden den Elementen eines »Puzzlespiels« vergleichen lassen, die »Schritt für Schritt eine Gestalt annehmen« (Lorenzer 1970b, S. 162). Während die Einfälle des Analysanden als bruchstückhafte oder unvollständige Gestalten zu begreifen sind, fällt der Deutung die Aufgabe zu, »eine Lücke zu schließen und die Erinnerung zu vervollständigen (ebd., S. 167). Mit der Anforderung, die Szenen zu komplettieren, ist gemeint, dass die verborgenen Anteile der Szene aufzudecken sind, die bislang aufgrund der vom Analysanden mobilisierten Abwehr unzugänglich waren. Sobald der Analytiker die »bewusstseinsnächste« Gestalt komplettiert hat, wird eine verborgenere Gestalt zugänglich, die wegen ihrer durch die Abwehr bedingten Bruchstückhaftigkeit auch wieder komplettiert werden muss. Während die »aktuelle Komplettierung« sich auf die Aufdeckung der verborgenen Anteile einer szenischen Gestalt in der Gegenwart richtet, zielt die »historische Komplettierung« auf die Bewusstmachung der abgewehrten Bedeutungsanteile einer szenischen Gestalt der lebensgeschichtlichen Vergangenheit (vgl. ebd., S. 171).

Das Komplettieren der bruchstückhaften Szenen durch szenisches Verstehen lässt sich am Beispiel der Therapie von Lanzer folgendermaßen veranschaulichen: Die aktuelle Bedeutung der wachsenden Angst um Vater und Freundin erschließt sich durch die Heranziehung der Szenen mit dem Hauptmann, der für die Prügelstrafe eintritt und von der Rattenstrafe erzählt. Dabei bleibt die Schilderung der Rattenstrafe so lange unvollständig, bis Freud sie durch das Füllen der Lücke komplettiert: Denn als Lanzer die Rattenstrafe schildert, wird seine Angst so übermächtig, dass er die durch den Vollzug der Strafe ausgelösten körperlichen Verletzungen nicht auszusprechen wagt. Indem Freud durch die Worte »in den After« das Unheimliche beim Namen nennt, verwandeln sich die innerlich quälenden Gedanken, die den Analysanden gefangen nehmen, in eine äußere Sache, über die er sich intersubjektiv mit dem Analytiker verständigen kann. Da das Unsagbare, das psychischen Druck, körperliche Gespanntheit, neurotische Ängste und Zwänge erzeugt, in ein Sprachsymbol übersetzt wird, über das der Analysand sich mit dem Analytiker austauschen und auf das er reflektieren kann, entfaltet die Sprache eine heilsame Wirkung. Dabei geht es in diesem Fall um eine »aktuelle Komplettierung«, weil das szenische Verstehen auf das Herausarbeiten der verborgenen Anteile der aktuellen Szene in ihrer konkreten Situationsgestalt zielt[13].

13 Dabei unterscheidet Lorenzer in Bezug auf das szenische Verstehen die Begriffe »Szene« und »Situation« auf die folgende Weise. Mit einer Szene ist »›ein konkret inszeniertes Geschehen‹ in der Wirklichkeit oder Phantasie« gemeint, gleichgültig, ob es um eine »aktuelle Szene

Dass Lanzer nach der Schilderung dieser Alltagszenen Freud mit »Herr Hauptmann« anredet, verrät, wie durch das Erzählen der szenischen Umstände der Rattenstrafe die Angst vor dem Hauptmann wiederbelebt und auf den Analytiker übertragen wird. Übertragung heißt also, dass sich der Konflikt mit dem Ängste weckenden Hauptmann in der Beziehung mit dem Analytiker reinszeniert. So wird die Eigenart des szenischen Verstehens zusehends fassbar: Auf der Grundlage des symbolischen Interagierens mit dem Analysanden versucht der Analytiker die Beziehungssituationen zu verstehen, die der Analysand mit anderen Personen in seinem Alltag herstellt und die er in der Interaktion mit dem Analytiker reinszeniert. Wie sehr Lanzer die Erinnerung an den Hauptmann ängstigt und verwirrt, der für die Prügelstrafe eintritt und das Erzählen von der Rattenstrafe genießt, spürt Freud, weil der Analysand seine Affekte der Angst und Verwirrung in der Interaktion mit Freud wiedererlebt. Wie die Angst verhindert, dass Lanzer ausspricht, worauf die Rattenstrafe zielt, so unterläuft ihm in seiner Verwirrung der Versprecher, Freud als »Herr Hauptmann« anzureden. Der verborgene Sinn konflikthafter Alltagsszenen erschließt sich dem szenischen Verstehen des Analytikers daher in dem Maße, wie der Analytiker die quälenden Affekte spürt und wahrnimmt, die der Analysand auf ihn überträgt.

Lanzer berichtete Freud sodann, dass ihn auch die Umstände des vor neun Jahren verstorbenen Vaters belasten. Da der Vater mitten in der Nacht während der anderthalb Stunden gestorben war, in denen er sich schlafen gelegt hatte, werfe er sich vor, ein Verbrecher zu sein. Freud entgegnete, dass die Selbstanklage, ein Verbrecher zu sein, doch übertrieben sei. Daher gab Freud die Deutung, dass der Selbstvorwurf, gegen den Vater ein Verbrechen begangen zu haben, sich nicht aus der aktuellen Situation verstehen lasse und daher wohl auf verdrängte Erfahrungen der Kindheit zurückzuführen sei. Unter dem Eindruck dieser Deutung fielen Lanzer in der folgenden Sitzung zwei Szenen aus

---

in der ›Realität‹ des Patienten«, um eine »Szene in der Analyse« oder um »wiedererinnerte Szenen aus der Kindheit« geht (Lorenzer 1970b, S. 170f.). Mit »Situation« bezeichnet Lorenzer hingegen »das der Inszenierung zugrunde liegende ›Interaktionsmuster‹, das ›Modell der Beziehungslage‹« (ebd., S. 171).

der Vergangenheit ein. Mit zwölf Jahren habe er Kontakt zu einem kleinen Mädchen gehabt, das ihm vielleicht mehr Interesse entgegengebracht hätte, wenn ihn, wie er damals dachte, ein Unglück wie der Tod des Vaters getroffen hätte. Und als Erwachsener habe er einmal gedacht, dass er seine Freundin nur dann heiraten könnte, wenn er durch den Tod des Vaters reich werden würde. Freud deutete daraufhin, dass sich hinter der von Lanzer zur Sprache gebrachten Angst um den Vater vermutlich ein verdrängter feindseliger Wunsch verberge. Lanzer erwiderte bewegt und zugleich ungläubig, den Vater doch über alles zu lieben.

Nachdem Freud seinem Analysanden erläutert hatte, dass Liebe und Hass nahe beieinander liegen und eine solche Gefühlsambivalenz dem Vater gegenüber nicht ungewöhnlich sei, kam Lanzer darauf zu sprechen, seine Freundin zwar sehr zu lieben, aber ihr gegenüber eigentlich sinnliche Wünsche wie in der Kindheit nicht zu empfinden. Damit bezog er sich auf Mitteilungen in früheren Sitzungen der Therapie, in denen es darum ging, dass er mit vier bis sechs Jahren dem Kindermädchen unter die Röcke oder zu ihr ins Bett gekrochen war, um ihren Körper und ihre Genitalien zu betasten. Damals hatte er eine starke Schaulust entwickelt, das Kindermädchen nackt zu betrachten, wenn es sich abends auszog. Freud gab daraufhin folgende Deutung: Wenn er in seinen Einfällen die feindseligen Gefühle gegen den Vater mit den sinnlichen Begierden des Kindes zusammenbringe, dann stelle sich doch die Frage, ob die Feindseligkeit gegen den Vater nicht durch das Empfinden entstanden sein könnte, dass der Vater in die »sinnlichen Begierden« des Kindes »irgendwie [...] störend« eingegriffen habe (Freud 1907, S. 405).

Unter dem Eindruck einer ganzen Reihe weiterer Szenen, deren Erörterung den Rahmen dieser Darstellung sprengen würde, wagte Freud schließlich folgende »Konstruktion« (ebd., S. 426): Lanzer »habe als Kind im Alter von 6 Jahren irgendeine sexuelle Missetat [...] begangen und sei dafür vom Vater empfindlich gezüchtigt worden« (ebd.). Zwar habe der Vater derart das sexuelle Verhalten des Sohnes unterbunden, jedoch habe die Strafe »einen unauslöschlichen Groll gegen den Vater erzeugt« (ebd.). Daraufhin erzählte Lanzer, die Mutter habe ihm wiederholt erzählt, dass er mit drei oder vier Jahren die Kinderfrau gebissen habe. Als der Vater ihn daraufhin verprügelt habe, sei er in eine »schreckliche Wut« geraten. Da er keine Schimpfwörter kannte, habe er den Vater mit allen möglichen Worten beschimpft: »du Lampe, du Handtuch, du Teller« (ebd.). »Der Vater hielt erschüttert über diesen elementaren Ausbruch im Schlagen inne und äußerte: ›Der Kleine da wird entweder ein großer Mann oder ein großer Verbrecher!‹« (ebd.). Zwar habe der Vater ihn nie wieder geprügelt, aber »aus Angst vor der Größe seiner Wut sei er von da an feige geworden« (ebd., S. 427).

Freuds Schilderung seiner analytischen Arbeit verdeutlicht das intersubjektive Zusammenspiel von Analytiker und Analysand: Wie der Analysand die Routinen seines Alltagsdenkens unterläuft, indem er sich spontan auftauchenden Einfällen überlässt (Regel der freien Assoziation), so bedeutet das szenische Verstehen des Analytikers, dass er die geschilderten Szenen aufmerksam sammelt (Regel der gleichschwebenden Aufmerksamkeit), bis sich ihm deren situativer Zusammenhang erschließt und er eine Deutung geben kann. Das Deuten des Analytikers hat das Wiedererinnern weiterer Szenen der verdrängten Lebensgeschichte zur Folge, die auch wieder gedeutet werden: Da Lanzers Selbstanklage als »Verbrecher« in keinem Verhältnis zum Anlass (dem Verschlafen des Sterbens des Vaters) stehe, deutet Freud, dass sich derart heftige Selbstvorwürfe nur durch dramatische Erlebnisse der Kindheit verstehen lassen. Durch den Rekurs auf lebensgeschichtliche Erfahrungen der frühen Kindheit schlägt Freud den Weg zur historischen Komplettierung der vom Analysanden zur Sprache gebrachten Szenen ein. Unter dem Eindruck dieser Deutung fallen Lanzer zwei Szenen ein, welche die Verliebtheit in ein Mädchen und die Liebe zu seiner Freundin mit dem Tod des Vaters verknüpfen. Freud greift diese Einfälle durch die Deutung auf, dass sich hinter der Angst um den Vater feindselige Impulse gegen ihn verbergen könnten. Diese Deutung provoziert den Einfall des Analysanden, der Freundin gegenüber gar keine sinnlichen Wünsche zu empfinden, obgleich diese Impulse doch in der Kindheit sehr stark gewesen seien. Freud gibt daraufhin eine sich noch weiter in das verdrängte Erleben der Kindheit vorantastende Deutung, indem er die konflikthaften Szenen mit dem Vater zu den Szenen in Beziehung setzt, die sich auf die Sexualität des Analysanden in Kindheit und Erwachsenenalter beziehen. Während die Deutungen dazu verhelfen, den verdrängten Sinngehalt der vom Analysanden geschilderten Szenen zu verstehen, die »als unterschiedliche Ausformungen derselben Situation« begriffen werden (Lorenzer 1970b, S. 175), wird die Konstruktion dann möglich, »wenn die verschiedenen Fälle, die auf dem Wege der Komplettierung der Situation gewonnen wurden, zum Punkt der Ursprungssituation zurückverfolgt« werden (ebd., S. 187). Wie zutreffend Freuds Konstruktion ist, lässt sich daran ablesen, dass Lanzer unter ihrem Einfluss den von der Mutter geschilderten traumatischen Originalvorfall erinnert, vom Vater geprügelt worden zu sein und ihn daraufhin beschimpft zu haben.

Doch wie plausibel Freuds Konstruktion sich auch darstellte, Lanzer konnte nicht glauben, eine solche Wut auf den Vater erlebt zu haben. Daher entgegnete er Freud, »er erinnere sich doch nicht selbst daran« (Freud 1907, S. 429). Aber in den folgenden Sitzungen geschah es, dass Lanzer seinen Therapeuten Freud »in Träumen, Tagesphantasien und Einfällen aufs gröblichste und unflätigste beschimpfte«, obgleich er ihm »die größte Ehrerbietung entgegenbrachte«. Als er aus Angst, von Freud geprügelt zu werden, von der Couch aufstand und im Zimmer herum lief, erinnerte er auf einmal, »dass der Vater jähzornig gewesen war und in seiner Heftigkeit manchmal nicht mehr wusste, wie weit er gehen durfte« (ebd., S. 429). Erst als Lanzer seine feindseligen Affekte gegen den Vater in der Interaktion mit Freud wiedererlebte, vermochte er die bis dahin verdrängte Wut des kleinen Jungen auf den Vater zu spüren.

Auf der Grundlage des Wiederlebens der im Originalvorfall erlebten Gefühle in der Übertragung auf den Analytiker lassen sich daher *die aktuelle Szene* der Auseinandersetzung mit dem für die Prügelstrafe eintretenden Hauptmann, *die infantile Szene* mit dem prügelnden Vater und *die Übertragungsszene* mit dem Analytiker, der den Analysanden prügeln könnte, als verschiedene Szenen eines vielschichtigen Lebensdramas verstehen. In dem Maße, wie Lanzer der Gesamtzusammenhang dieser Szenen in der Übertragung bewusst wurde, produzierte er eine ganze Reihe von Erinnerungen, aufgrund derer sich seine irrationale Angst vor der Rattenstrafe enträtseln ließ: Als Lanzer als

Reserveoffizier an einer Waffenübung teilnahm, fühlte er sich mit dem Vater verbunden und war wohl unbewusst mit ihm identifiziert. Denn der Vater hatte selbst jahrelang als Unteroffizier beim Militär gedient. Die Ratte war daher zum Symbol für eine Vielzahl von Bedeutungen geworden, unter denen in diesem Zusammenhang nur die folgenden erwähnt werden sollen:

- Die Ratte verkörpert »ein schmutziges Tier, das sich von Exkrementen nährt und in Kanälen lebt, die den Abfall führen« (ebd., S. 433). Daher provozierte die Rattenstrafe unbewusst das Wiedererleben analer Erfahrungen im Alter von zwei bis vier Jahren. Denn das Wühlen der Ratten im After weckte die verdrängte Erinnerung an Spulwürmer im eigenen Kot, unter denen Lanzer in der frühen Kindheit gelitten hatte (ebd., S. 432).
- Da sich die Ratte als »Träger gefährlicher Krankheiten« mit der damals beim Militär verbreiteten »Angst vor syphilitischer Infektion« verknüpfte (ebd., S. 433), wurde die Ratte im Unbewussten von Lanzer auch mit dem Penis gleichgesetzt, so dass die Rattenstrafe auch die ödipale Angst vor Bestrafung wegen der Lust des Sexualverkehrs weckte.
- Mit der Ratte verband Lanzer zudem, »dass sie mit scharfen Zähnen nagt und beißt« (ebd., S. 435), weshalb sie von den Menschen, »wie er oft mit Grausen gesehen hatte, grausam verfolgt und schonungslos erschlagen« wird (ebd.).

  »Oft hatte er Mitleid mit solchen armen Ratten verspürt. Nun war er selbst ein so ekelhafter, schmutziger, kleiner Kerl gewesen, der in der Wut um sich beißen konnte und dafür fürchterlich gezüchtigt worden war« (ebd., S. 435).

  Die Ratte wurde damit auch zum Symbol für den kleinen Jungen, der die Kinderfrau gebissen und anschließend eine mörderische Wut auf den gewalttätigen Vater entwickelt hatte.

Vor dem Hintergrund dieser Einfälle wurde es möglich, das den Zwangsgedanken zugrunde liegende Lebensdrama zu verstehen, das sich in den aktuellen Szenen zeigte, sich auf unbewältigte infantilen Szenen zurückführen ließ und das sich in der Übertragungsszene erneut konstellierte: Die aktuellen Szenen wurden dadurch bestimmt, dass sich eine Panikattacke ereignete und die Zwangsvorstellungen exaberzierten, nachdem Lanzer sich bei einem Manöver gegen einen Hauptmann mit dem tschechischen Namen energisch zur Wehr gesetzt hatte, der für die Wiedereinführung der *Prügelstrafe* plädierte. Das sich in diesen Szenen offenbarenden situative Muster wurde dadurch bestimmt, dass Lanzer den Vorgesetzten unbewusst als Neuauflage des jähzornigen Vaters erlebte, der ihn einmal in der Kindheit *geprügelt* hatte. Als der Hauptmann auf die Kritik an der Prügelstrafe mit der Erzählung von der Rattenstrafe reagierte, empfand Lanzer sowohl Angst und Entsetzen als auch eine von Freud beobachtete eigenartige Faszination. Denn durch das Erzählen der Rattenstrafe wurde das Wiederauftauchen verschiedener infantiler Szenen provoziert, die längst der Verdrängung anheim gefallen waren: Die anale Szene der im Kot befindlichen Würmer (Ratten), die ein Jucken im Anus ausgelöst hatten; die ödipale Szene der strengen Bestrafung für sexuelle Wünsche (Rattenstrafe als Kastrationsdrohung); und die Szene des Kindes, das aufgrund seiner aggressiven Impulse selbst »eine kleine Ratte« war, welche die Kinderfrau gebissen hatte und dafür vom Vater streng bestraft worden war.

Da durch das sadistische Auftreten des Hauptmannes, der durch die Äußerung seiner autoritären Einstellung und durch seine Erzählung der Rattenstrafe seine Freude am Bestrafen und Quälen von Soldaten zeigte, die Wiedererinnerung an die Prügel des Vaters geweckt wurde, reagierte Lanzer nicht nur mit Wut auf die Worte des Hauptmanns, vielmehr tauchte aus seinem unbewussten Erleben auch die verdrängte Wut auf den Vater wieder auf, so dass er sich plötzlich wünschte, dass am Vater die Rattenstrafe vollzogen würde (vgl. ebd., S. 435f.). Als der Hauptmann ihm sodann einen Auftrag gab, von dem er wusste, dass er nicht realisierbar war, musste er sich dafür bestrafen, dass er dem Vater und auch der Freundin die Rattenstrafe gewünscht hatte; »[…] und die Bestrafung bestand in dem Auferlegen eines unmöglich zu erfüllenden Eides«, mit dem er sich anschließend quälte (ebd., S. 436). Zugleich rebellierte er gegen den selbst auferlegten Schwur, indem er das nicht tat, was real unsinnig war.

Zusammenfassend heißt das, dass sich das Verstehen und Deuten des Psychoanalytikers durch »ein unablässiges Komplettieren von Szenen und Situationen« entwickelt, »die bald langsamer, bald schneller sich herausschälen« (Lorenzer 1970b, S. 186). Wie es zunächst um ein logisches Verstehen der Sätze des

Analysanden geht, so geht es zugleich um ein psychologisches Verstehen der Affekte, die der Analysand dem Analytiker durch Mimik, Gestik und Tonfall mitteilt (Lanzers Gruseln und Faszination angesichts der Rattenstrafe). Beide Verstehensmodi stehen im Dienste des szenischen Verstehens, das die vom Analysanden geschilderten aktuellen Szenen auf der Grundlage der zwischen Analysand und Analytiker Gestalt annehmenden Szenen in der Absicht erfasst, welche unbewussten Wünsche, Ängste und Phantasien sich in diesen Interaktionen realisieren. Das szenische Verstehen beginnt damit, dass sich vom Analysanden geschilderte Szenen als ähnlich erweisen und der Analytiker die ihnen gemeinsame situative Struktur herausarbeitet. Ob aber der Analytiker die situative Ähnlichkeit verschiedener vom Analysanden geschilderter Szenen in Worte fasst (sich dem Hauptmann wegen der Prügelstrafe widersetzen, den insgeheim dem Hauptmann geleisteten Eidschwur brechen) oder ob er die situative Struktur benennt, die sich sowohl in einer Alltagsszene (Verwirrung durch den Hauptmann) als auch in einer Übertragungsszene (Freud als »Herr Hauptmann« anreden) zeigt, in beiden Fällen geht es um die aktuelle Komplettierung von Szenen, deren konkrete kognitive und affektive Situationsgestalt herausgearbeitet wird (vgl. Lorenzer 1970b, S. 172).

Aber da die aktuelle Komplettierung (Angst und Verwirrung in Bezug auf den Hauptmann) aufgrund verdrängter Anteile der Situation unvollständig bleibt, zielt der weitere Deutungsprozess auf das Wiederauftauchen von verdrängten Szenen der Kindheit. Wenn Deutungen darauf abheben, die situative Ähnlichkeit aktueller Szenen (Gefühlsambivalenz dem Hauptmann gegenüber) und infantiler Szenen (Gefühlsambivalenz dem Vater gegenüber) herauszuarbeiten, dann geht es um die historische Komplettierung der Szenen. Dieser Prozess des szenischen Verstehens und Deutens gipfelt in der Konstruktion, die aktuelle Szenen, Übertragungsszenen und infantile Szenen bis zum Originalvorfall zurück zu verfolgen, so dass der nicht mehr durch die Abwehr verstümmelte und daher ungeschmälerte Sinn der Ursprungssituation bewusst gemacht und in ein Sprachsymbol übersetzt werden kann (Hass auf den prügelnden Vater, der sich im Hass auf den für die Prügelstrafe eintretenden Hauptmann und im Hass auf Freud spiegelt, der ihn prügeln könnte).

3.3 Das szenische Verstehen und die unbewusste Teilhabe an der Lebenspraxis der Analysandin

Sodann setzt sich Lorenzer mit der Frage auseinander, die seine methodologischen Ausführungen offen gelassen haben: Wenn doch die Analysandin der analytischen Arbeit Widerstände entgegensetzt und ihr neurotisches Verhalten durch Rationalisierungen verschleiert, »auf welche Sicherheiten« stützt sich dann das szenische Verstehen »bei dem Unternehmen, sich zum Originalvorfall voranzuarbeiten – quer durch alle Bedeutungsverfälschungen hindurch?« (Lorenzer 1970b, S. 197). Diese Frage konfrontiert erneut mit der schon zu Beginn thematisierten Paradoxie, wie sich denn die »von der Kommunikation ausgeschlossen[en]« unbewussten Gehalte überhaupt erschließen lassen, wenn doch alles Verstehen »über kommunizierte Symbole« abläuft (ebd.)? Eine Antwort auf diese Frage findet Lorenzer im Rückgriff auf Wittgensteins Sprachspieltheorie. Indem Wittgenstein (1958) mit Hilfe der Theorie des »Sprachspiels« ein Konzept entwickelt, mit dem sich ein Zusammenhang von Sprachgebrauch, Lebensform und Welterschließung konstruieren lässt, unterstreicht er die Verbindung von Sprache und Lebenspraxis. Wittgenstein erinnert an einen Anthropologen, der die Sprache einer fremden Kultur nur so weit zu verstehen vermag, wie er die von ihm den Interaktionen unterstellte Regel überprüft, indem er an der Lebenspraxis dieser Ethnie teilnimmt. Ganz in diesem Sinne lasse sich eine Sprache nur durch die Teilnahme an der ihr zugehörigen Lebenspraxis verstehen, die »das Bezugssystem« bilde, mit dessen Hilfe »wir unsere fremde Sprache deuten« (S. 129).

Nach Auffassung von Lorenzer besteht die Eigenart des psychoanalytischen Gesprächs nun darin, dass es sich von der durch Wittgenstein untersuchten Alltagskommunikation in besonderer Weise unterscheidet: Wittgenstein unterstellt ein gelungenes Sprachspiel, bei dem die Akteure eine Sprache sprechen und die dazu gehörige Lebenspraxis teilen. Das psychoanalytische Gespräch kommt dagegen auf der Grundlage eines »Zerfall[s] der ›Einheit des Sprachspiels‹« zustande (Lorenzer 1970b, S. 198). Zwar hat die Analytikerin durch ihr Interagieren mit der Analysandin Anteil an deren Lebenspraxis, ihr erschließt sich jedoch kein sprachlicher Zugang zu deren unterdrückten Triebwünschen. Denn die Neurose ist der symptomatische Ausdruck der aufgrund ihrer Unvereinbarkeit mit der herrschenden Moral aus Sprache ausgeschlossenen (desymbolisierten) Triebwünsche, die der auf sprachliche Verständigung angewiesenen Analytikerin fremd bleiben. Aber wie sehr sich dem Sprachverstehen der Analytikerin auch das Unbewusste der Analysandin entzieht, ihr erschließt sich doch deren Lebenspraxis, weil die Analysandin das Verdrängte unter dem Druck des Wiederholungszwangs »in immer gleicher Weise szenisch« ausagiert (ebd., S. 200):

> »So sehr der Patient in seinen kognitiven wie affektiven Äußerungen, seinem Selbstverständnis sich und die anderen irreführt [...], so ›zwanghaft‹ ehrlich ist er in der ›Inszenierung‹ zwischenmenschlicher Beziehungen. Wiederholungszwang meint ja nichts anderes als: Zwang zur unablässigen Reproduktion der neurotischen Beziehungen realiter« (ebd.).

Der Wiederholungszwang führt nicht nur dazu, dass sich eine Angst und Verwirrung stiftende aktuelle Szene (der Konflikt mit dem grausamen Hauptmann) in der Übertragungsszene reproduziert (verwirrt spricht Lanzer Freud als »Herr Hauptmann« an). Vielmehr bewirkt der Wiederholungszwang auch, dass die unbewältigte infantile Szene (Beschimpfung des Vaters) in der Gegenwart in der Form der Übertragungsszene (Beschimpfung Freuds) ausagiert wird. Der aufgrund seiner Unvereinbarkeit mit der sozial erwünschten Liebe zum Vater verdrängte Hass stellt daher einen ins Unbewusste verbannten aggressiven Triebimpuls dar, der für den Analytiker nur in Sprache übersetzbar wird, weil er sich in aktuellen Szenen (Ärger über den Hauptmann) und in der Übertragungsszene (Beschimpfen Freuds) reinszeniert.

Szenisches Verstehen vermag das sozial anstößige Unbewusste daher zu untersuchen, weil die Analytikerin an der Lebenspraxis der Analysandin dadurch Anteil hat, dass das Verdrängte aufgrund des Wiederholungszwanges zwischen Analysandin und Analytikerin wieder auflebt. Dabei erschließt sich der Analytikerin die unter dem Druck des Wiederholungszwangs in der Gegenwart reproduzierende Lebenspraxis durch die Übertragung, die eine Wiederbelebung der infantilen Szene zwischen Analysandin und Analytikerin darstellt. In der Gegenübertragung, welche die gefühlsmäßige Reaktion der Analytikerin auf die Übertragung der Analysandin darstellt, kommt daher die emotionale Teilhabe der Analytikerin an der Lebenspraxis der Analysandin zum Ausdruck.

Dieses Verständnis der psychoanalytischen Methode geht freilich über Freud hinaus, der in der Gegenübertragung die Gefahr neurotischer Reaktionen des Analytikers sah, die dazu »geeignet wären, ihn in der Erfassung des vom Analysierten Dargebotenen zu stören« (Freud 1912, S. 382). Seit den Beiträgen von Autoren wie Paula Heimann (1950), Margaret Little (1951) und Heinrich Racker (1959) hat sich jedoch im Einklang mit einer interaktionstheoretischen Einschätzung der Psychoanalyse ein anderes Verständnis durchgesetzt, das die Gegenübertragung als die nichtneurotische Reaktion der Analytikerin auf das Unbewusste der Analysandin betrachtet und die davon störende neurotische Reaktion unterscheidet (vgl. auch Moeller 1977; Ermann 2000, S. 226ff.).

3.4 Die unbewusste Wut einer Promotionsstudentin auf die Mutter. Szenisches Verstehen im Kontext von Wiederholungszwang und Gegenübertragung

Wie mit »dem gebenden Unbewussten des Kranken« das »eigene Unbewusste« des Analytikers kommuniziert (Freud 1912, S. 381), wie die Übertragung der Analysandin über die Gegenübertragung erschlossen wird, wie daher der Analytiker die unbewusste Teilhabe an der von der Analysandin inszenierten Lebenspraxis für das szenische Verstehen nutzt, soll anhand von Behandlungsausschnitten aus einer Psychoanalyse[14] illustriert

14 Der Name der Patientin ist anonymisiert. Ich danke ihr herzlich dafür, dass sie die erörterten Szenen aus ihrer analytischen Behandlung zur Veröffentlichung frei gegeben hat. Eine eingehendere Rekonstruktion

werden, in der sich anhand der Gegenübertragung zeigt, wie sich das Unbewusste der Analysandin im Erleben des Analytikers reinszeniert und wie die Gegenübertragung daher »als ein Spiegel des Inneren de[r] Analysand[i]n gelesen werden kann« (Ermann 2000, S. 229).

Es handelt sich um Frau Aitmatowa, eine zu Therapiebeginn 34 Jahre alte Promotionsstudentin, die vor allem unter depressiven Verstimmungen, einer Arbeitsstörung und einer Störung der Beziehungsfähigkeit bei einer histrionischen Persönlichkeit mit einer ausgeprägten Konversionsneigung (Atemnot, Kloß im Hals, Hautexzeme) litt. Sie unterzog sich einer analytischen Langzeittherapie mit einer Frequenz von drei Wochenstunden. Es geht um die 80. Sitzung[15]:

> »A: Vor einem Monat hat mein Exfreund sich von mir getrennt. Jetzt geht es mir schon besser. Vor einiger Zeit hatte ich keine Hoffnung mehr. Jetzt kann ich schon hoffen, dass es mir besser geht. [...] Ich habe mich [seit der letzten Stunde] wenig mit mir beschäftigt. Ich lese ein Buch über die Stalin-Zeit. [...] Es ist ein Buch von einer Frau, die 18 Jahre inhaftiert war. Sie hat einen Sohn verloren und einen Sohn von vier Jahren zwölf Jahre nicht gesehen. Mit sechzehn Jahren ist er zu ihr gezogen. Er wurde ein prominenter Schriftsteller. Wenn ich lese, dass ein Mensch im Gefängnis sitzt und sagt, wie schön es ist, dass Licht durch das Fenster scheint oder dass das Fenster für zehn oder zwanzig Minuten aufgemacht wird, dann denke ich, dass meine Probleme relativ sind.
> K: Das hört sich für mich so an, als ob Sie Abstand zu Ihrem eigenen Leid zu gewinnen suchen.
> A: Ich bin matt und schwach, deshalb habe ich wenig Motivation, mich zu bewegen.
> K: *Ich spüre, wie sich die Mattigkeit und Schwäche auf mich zu übertragen droht. Unter dem Anflug einer ärgerlichen Reaktion darauf geht mir die Energie und Tatkraft von Frau A. durch den Kopf, die aus Kirgisien nach Deutschland gekommen ist, um an der Universität Münster zu promovieren. Ich interveniere daher auf die folgende Weise:*
> Ich verstehe, dass Sie sich augenblicklich schwach fühlen. Aber ich weiß doch auch, dass Sie eigentlich über eine große Stärke

---

der auf den folgenden Seiten dargestellten Sitzung findet sich in König (2014, S. 118-135).

15 Die Gegenübertragungen, Einfälle und Reflexionen des Analytikers werden kursiv gedruckt.

verfügen. Könnte es vielleicht sein, dass Sie auf irgendetwas wütend sind, diese Wut verdrängen und aufgrund dieser unterdrückten Wut dann irgendwie gelähmt sind?
A: Ich bin schnell wütend über Kleinigkeiten.
K: Könnte es vielleicht sein, dass Sie die Wut, die Sie möglicherweise auf große Dinge haben, auf Kleinigkeiten verschieben?
A: Ich bin nicht wütend, sondern enttäuscht. Wenn ich mit meiner Mutter telefoniere und was erzähle, dann gibt es keine Reaktionen. Zum Beispiel als ich gejammert habe, als ich von der Trennung vom letzten Freund erzählte, da hat sie gesagt: ›Alles klar‹.
K: *Mich irritiert das Verhalten der Mutter und ich denke daran, dass eine einfühlsame Mutter doch am Trennungsschmerz der Tochter Anteil nehmen würde. Ich antworte daher:*
Dabei ist doch auf einmal alles unklar.
A: Früher dachte ich, sie ist so taktvoll, dass sie schweigt. […] Ob sie meine Privatsphäre nicht verletzen möchte? Sie sieht ja, dass es mir nicht gut geht.
K: Die Mutter sagt, alles sei klar.
A: Sie kann nicht mehr sagen, weil sie es nicht gelernt hat. Sie wollte mich provozieren, dass ich auf ›alles klar‹ anders reagiere.
K: Die Mutter machte meines Erachtens doch eine deplatzierte Aussage. ›Alles klar‹ könnte ein Feuerwehrmann antworten, wenn man ihm auf seine Frage hin sagt, dass es im zweiten Stockwerk brennt. Es ist irgendwie so unbeteiligt und gleichgültig, wenn die Mutter sagt ›Alles klar‹.
A: Ich dachte, dass sie denkt, es wird nichts mehr aus mir. Sie glaubt nicht an mich.
K: Als ob Ihre Mutter Sie abgeschrieben hätte.
A: So kann man es interpretieren. Manchmal fällt mir ein, dass meine Mutter neidisch ist. Wofür es keine Gründe gibt.
K: Könnten Sie das mal an einem Beispiel zeigen?
A: Sie fragt mich, was mit meinem Urlaub ist. Ich antworte, ich fahre vielleicht nach Griechenland. Sie fragt: ›Allein?‹ Ich sage: ›Nein.‹ Sie fragt: ›Mit wem?‹ Ich sage: ›Mit meinem Freund.‹ Dann schweigt sie eine ganze lange Weile.
K: *Während die Analysandin weiter redet, geht mir durch den Kopf, dass die Mutter nicht mit der Tochter fühlt und sich nicht mit ihr freuen kann.*
A: Und als ich ihr im letzten Telefongespräch erzählt habe, dass der Hausarzt ein ovolares Zystensyndrom diagnostiziert habe, aufgrund dessen ich unfruchtbar sei, da hat meine Mutter auch wieder geschwiegen und zwei Minuten später davon erzählt, wie gut ihre Tomaten wachsen.

K: *Spätestens in dem Augenblick, als Frau A. zum dritten Mal schildert, dass die Mutter sich auf die Tochter nicht emotional einlassen kann, sondern kalt und distanziert auf sie reagiert, überkommt mich eine heftige Wut auf die Mutter, die Frau A. nicht spürt, aber auf mich überträgt. Vor dem Hintergrund dieses Verständnisses meiner Gegenübertragung interveniere ich auf die folgende Weise:*
Eigentlich müssten Sie doch sehr wütend auf die Mutter sein, die an Ihrem Schmerz der Trennung vom Freund keinen Anteil nimmt und Ihre Worte, dass der Arzt bei Ihnen Unfruchtbarkeit diagnostiziert habe, durch die Antwort beiseite fegt, dass ihre Tomaten aber wachsen. Sie aber scheinen Ihre Wut auf die Mutter zu unterdrücken und in sich hineinzufressen. Da ist es doch kein Wunder, wenn Sie sich anschließend niedergeschlagen, matt und schwach fühlen.«

Frau Aitmatowa verabschiedet sich nach dieser Stunde nachdenklich und etwas skeptisch. Die drei Tage darauf stattfindende 81. Sitzung beginnt sie mit folgenden Worten:

»A: Ich glaube, Sie haben Recht damit, dass ich Wut auf meine Mutter habe. Denn wenn eine andere Person sich so ähnlich wie meine Mutter verhält, bin ich wütend. Eine Bekannte sagt, sie […] brauche meine Ratschläge. Ich muss [bei ihr] in jeder Situation was Hilfreiches machen. Wenn es aber um mich geht, hört sie gar nicht zu! […] Sie ist unglaublich unempathisch. Sie hat kein Interesse an anderen Leuten. […] Sie glaubt, alles gut zu verstehen und auf Leute einzugehen. Sie glaubt, sehr feinfühlig zu sein. […] Wenn in der Nähe ein Spiegel ist, setzt sie sich gegenüber und beschäftigt sich mit ihrem Äußeren. […]
K: Face-to-Face-Kommunikation heißt ja, dass man den anderen anschaut. Es hört sich so an, als ob die Bekannte sich bei Ihnen nur auskotzen will.
A: Sie gleicht meiner Mutter! Meine Mutter redet weiter, auch wenn niemand zuhört. Leute zeigen ihr, dass es uninteressant ist, was sie erzählt. Sie redet trotzdem weiter! Wenn Sie mir beim Telefonieren Sachen erzählt, redet sie weiter, auch wenn ich keine Reaktionen zeige. Sie muss einfach erzählen. Die Bekannte glaubt, Leute gut zu verstehen. Und meine Mutter hat die Illusion, sie sei eine ganz tolle Mutter! […] Meine Mutter ist einfach hohl.«

Zunächst soll die Frage, wie sich die unbewussten Affekte der Analysandin aus der 80. Sitzung erschließen und bearbeiten lassen, durch ein szenisches Verstehen aus der Erlebnisperspektive des Analytikers beantwortet werden:

Unter dem Einfluss meiner Gegenübertragung, mich gegen ein in mir aufkommendes Gefühl der Mattigkeit und Schwäche wehren zu wollen, rufe ich Frau Aitmatowa in Erinnerung, dass sie doch eigentlich über viel Energie und Tatkraft verfüge, und wage die Deutung, ob das Erleben von Schwäche nicht vielleicht Ausdruck eines momentanen Zustands sei, der die Folge eines unbewältigten inneren Konflikts sein könnte. Damit werfe ich die Frage auf, ob Frau Aitmatowa nicht eine Wut verleugnet und sie auf eine ihre Kräfte lähmende Weise gegen sich selbst richtet. Wie sehr dieser Deutungsversuch dazu verhilft, uneingestandene negative Affekte bewusst zu machen, lässt sich daran ablesen, dass die Analysandin auf ein frustrierendes Telefongespräch mit der Mutter zu sprechen kommt, dessen Bedeutung sie freilich zunächst durch die Worte zu relativieren sucht, »nicht wütend, sondern enttäuscht« von ihr zu sein. Auf die Deutung, vielleicht doch auf die Mutter wütend zu sein, aber die Wut gegen sich selbst zu richten, reagiert Frau Aitmatowa in dieser Stunde nicht mehr, aber in den darauf folgenden Tagen wird ihr bewusst, wie wütend sie auf die Mutter ist.

Die szenische Rekonstruktion, wie der Analytiker verleugnete Affekte der Patientin bewusst macht, lässt sich im Rekurs auf psychoanalytische Konzepte auf die folgende Weise theoretisch begreifen:

Zunächst setzt der Analytiker sich mit dem Widerstand der Analysandin auseinander, welche ihr Erleben durch die Rationalisierung abwehrt, heute eigentlich kein Problem mitgebracht zu haben und daher ganz zuversichtlich zu sein (Hoffnung darauf, dass es ihr besser gehe). Als der Analytiker sie damit konfrontiert, dass sie mit der Schilderung ihrer Leseerfahrungen etwas beschreibt, was von ihr weg-, aber vielleicht auch zu ihr hinführt (»eigenes Leid«), wird sie sich ihrer augenblicklichen affektiven Verfassung (Mattigkeit, Schwäche, Energielosigkeit) bewusst. Der Analytiker nimmt in der Gegenübertragung wahr, wie er diese abgewehrten Gefühle der Schwäche und Mattheit in sich aufnimmt und damit in Berührung kommt, was die Analysandin aufgrund ihrer Abwehr nicht wahrzunehmen vermag. Als er erkennt, dass diese Stimmungslage so stark ist, dass sie seine analytischen Fähigkeiten zu lähmen droht, wird er sich dessen bewusst, wie (selbst-)zerstörerisch die von der Analysandin abgewehrten negativen Affekte sind. Er gewinnt eine gelassene Distanz zu den auf sein Erleben Einfluss nehmenden negativen Affekten zurück, indem er die Gegenübertragung für eine Deutung nutzt, die auf die hinter der Mattigkeit und Schwäche wirksame Wut gegen das Selbst zielt, hinter der sich vermutlich Wut auf andere verberge.

Durch das konfrontierende Nachfragen des Analytikers vermag sich die Analysandin schrittweise die verleugneten Affekte bewusst zu machen, die sie quälen: eine Wut auf Kleinigkeiten, hinter der sich die große Enttäuschung gegenüber der Mutter verbirgt. Um noch näher an die abgewehrten Affekte heranzukommen, fragt der Analytiker nach Szenen, in denen sich der emotionale Konflikt mit der Mutter inszeniert. Die beiden von Frau Aitmatowa geschilderten Szenen (der geplante Urlaub und die Unfruchtbarkeit) machen darauf aufmerksam, dass sich die Patientin gekränkt und missachtet fühlt, weil sich die Mutter weder bei guten Nachrichten mit ihr freut noch sie bei schlechten Nachrichten tröstet. Stattdessen lehnt die Mutter die Tochter mit ihren Problemen ab und hält der Unfruchtbarkeit der Tochter die Fruchtbarkeit des eigenen Gartens entgegen, in dem die Tomaten prächtig gedeihen.

Wie geht nun der Analytiker mit der Schilderung dieser Szenen um? Da er sich emotional auf die von der Patientin geschilderten und zugleich agierten Szenen einlässt und sich probeweise in deren Lebensdrama verstricken lässt, vermag er sich einerseits komplementär mit der Mutter zu identifizieren und sich vorzustellen, wie er wohl in der Rolle der Mutter am Trennungsschmerz der Tochter Anteil nehmen würde, wie er sich mit ihr über ihren Urlaub mit dem Freund gefreut oder wie er vermutlich erschüttert auf die Nachricht von der Unfruchtbarkeit der Tochter reagiert hätte. Andererseits vermag sich der Analytiker konkordant mit Frau Aitmatowa zu identifizieren und dem nachzuspüren, wie kränkend und wie ablehnend die Mutter agiert, die weder zur Trennung vom Freund noch zum Urlaub etwas Anteilnehmendes sagt und stattdessen mit der Tochter rivalisiert, indem sie mit den prächtigen Tomaten auf die fruchtbarpotenten Eier ihrer eigenen Ovarien verweist, die zu produzieren die Tochter – vermeintlich – unfähig sei.

Als dem Analytiker bewusst wird, dass er mit einem heftigen negativen Affekt auf die Mutter reagiert, nutzt er die Wahrnehmung der unbewussten Wut der Tochter auf die Mutter für eine Deutung, welche die in der Sitzung zutage getretenen Affekte in ihrem szenischen Kontext versteht. Ganz an der Oberfläche des Erlebens befindet sich die Erklärung, heute keine Probleme mitgebracht zu haben, eine Rationalisierung, mit der die dahinter verborgenen Gefühle der Mattigkeit und Schwäche abgewehrt werden. Dahinter verbirgt sich die selbstzerstörerisch wirksame Wut, die Frau Aitmatowa gegen die eigene Person gerichtet hat. Und dieser Affektlage liegt die ohnmächtige Wut zugrunde, mit der die Analysandin auf die narzisstischen Kränkungen durch die Mutter reagiert, welche sich nicht empathisch in die Tochter einzufühlen und sie nicht genügend zu lieben vermag.

Auf der Grundlage seiner Gegenübertragung, von einem Gefühl der Mattigkeit und Schwäche eingeholt zu werden, erschließt der Analytiker die ohnmächtige Wut, welche die Analysandin nicht spürt, weil sie diese Wut in einer ihr Denken, Fühlen und Handeln lähmenden Weise gegen sich richtet. Die Analysandin stellt sich daher aufgrund der Wendung der Aggression gegen das Selbst als so gefesselt wie die Gefangene im Lager der Stalin-Zeit dar, deren Tagebuch Frau Aitmatowa fasziniert liest. Als der tiefste Grund für ihre Hoffnungslosigkeit erweist sich aber der Umstand, dass die Mutter – wie sie ausdrücklich ausführt – nicht an sie glaubt. Aber wie die Gefangene in dem Lager fasst die Analysandin in der Therapie eine erste Hoffnung (»Lichtschein«), dass sich ein Fenster öffnen und sich etwas verändern könnte.

Indem der Analytiker ausführt, dass Frau Aitmatowa doch gute Gründe dafür habe, um auf die ablehnende Mutter wütend zu sein, geht er auf Distanz zur unbewussten Teilhabe an der Lebenspraxis der Analysandin und übersetzt die eigene Gegenübertragung in eine verstehende Teilnahme an der nun begriffenen Lebenssituation der Patientin. Seine Deutung, dass sie sich so matt und schwach fühle, weil sie ihre Wut auf die Mutter in sich hineinfresse, wirkt nach und führt dazu, was Frau Aitmatowa in der 81. Sitzung ausführt: Sie spürt nun endlich die allzu lange unterdrückte Wut auf die Mutter und vergleicht sie mit einer Kommilitonin, die so egoistisch und von sich so überzeugt sei wie jene. Die vom Affekt des Zorns getragene kritische Auseinandersetzung führt zu einer Entidealisierung der Mutter und zieht eine zunehmende Ablösung von ihr und eine Individuation nach sich, der entsprechend die Tochter sich fortan besser von der Mutter abgrenzen kann, sie nunmehr realistischer betrachtet und nicht mehr so große Hoffnungen auf sie setzt.

Das szenische Verstehen lässt sich daher mit Lorenzer (1970b) als eine Methode der teilnehmenden Beobachtung beschreiben (vgl. ebd., S. 215), bei welcher der Analytiker sich im Zuge einer »funktionellen Regression« (ebd.) auf eine unbewusste »Teilhabe an der Lebenspraxis« der Analysandin einlässt (ebd., S. 228). Dabei affiziert ihn die von der Analysandin inszenierte Lebenspraxis in dem Maße, wie er sich als Mitspieler konkordant mit ihr identifiziert (Übernahme der Rolle der Analysandin) oder sich komplementär mit signifikanten anderen identifiziert (Übernahme der Rolle von Frau Aitmatowas abweisender Mutter). Durch die unbewusste Teilhabe partizipiert der Analytiker am aufgespaltenen Sprachspiel der Analysandin, in dem Sprache und Lebenspraxis auseinanderfallen, weil verdrängte Triebimpulse in dieser Lebenspraxis bewusstlos ausagiert werden. Sodann wird es ihm auf der Grundlage der Wahrnehmung der eigenen Gegenübertragung (mit der er auf die Übertragung der Analysandin antwortet) möglich, der unbewussten Lebenspraxis, die er mit der Analysandin teilt, durch die Deutung einen Namen zu geben und damit den bewusstlos ausagierten Triebimpuls (Wendung der Aggression gegen das Selbst) in ein Sprachsymbol zu übersetzen, das die Aufspaltung des Sprachspiels wieder aufhebt. An die Stelle der unbewussten Teilhabe an der Lebenspraxis der Analysandin, welche mit der Gefahr der Verstrickung in die Beziehung mit ihr verbunden ist, tritt damit die »›verstehende‹ Teilnahme« an der nun begriffenen Lebenssituation (ebd., S. 223), in der Sprache und Lebenspraxis wie in Wittgensteins Sprachspielen wieder integriert sind. Auf der Basis dieser bewussten »Teilnahme an der Lebenspraxis« (ebd., S. 197) bleibt der Analytiker zwar mit der Analysandin identifiziert und engagiert sich weiterhin emotional für sie, jedoch bringt er das affektive Einssein mit ihr durch eine bewusste Reflexion seines Selbst und seiner Affekte auf Distanz.

Nachdem Lorenzer den Gegenstand (Kapitel 2) und die Methode (Kapitel 3) der klinisch arbeitenden Psychoanalytikerin erforscht hat, stellt er sich die – im folgenden Kapitel zu behandelnde – Frage, wie sich die Eigenlogik der psychoanalytischen Theorie sozialwissenschaftlich begreifen lässt und wie sich das Verhältnis zwischen Psychoanalyse und kritischer Gesellschaftstheorie konzeptionell beschreiben lässt.

4. Materialistische Sozialisationstheorie

> Lorenzer greift die viel diskutierte Debatte, wie Gesellschaftstheorie und Psychoanalyse miteinander vermittelt werden können, wieder auf. Er versucht, deren Verhältnis auf der Grundlage einer materialistischen Sozialisationstheorie neu zu bestimmen, die weder biologistisch noch soziologistisch verkürzt ist. Die von Freud so bezeichneten »Triebe« sind demnach etwas sowohl Leibliches als auch in Eltern-Kind-Interaktionen sozial Hergestelltes. Sozialisation findet aber nicht nur durch die Triebentwicklung, sondern auch durch die Bildung symbolischer Interaktionsformen statt, vermittels derer die triebbedingten Körper-Wünsche in die präsentativen und diskursiven Symbolsysteme der Kultur übersetzt werden.

Während in den beiden vorigen Kapiteln der individualpsychologische Zugang zum Unbewussten und Bewussten Einzelner im Vordergrund stand, geht es in diesem Kapitel um die gesellschaftliche Dimension der Leib-, Symbol- und Zeichenbildung. Den zentralen Vermittlungsprozess zwischen Individuum und Gesellschaft bildet die »Sozialisation«, die Lorenzer in zweierlei Hinsicht in den Blick nimmt: Einerseits die (früh-)kindlichen leiblichen Interaktions- und Erziehungserlebnisse und andererseits die schon vorsprachlich beginnende, sich mit dem Spracherwerb systematisierende und in der Adoleszenz mit der Aneignung von Weltanschauungen und Ästhetiken festigende Symbolisierung des Erlebens.

4.1 Zum Hintergrund von Lorenzers Problemstellung

Um zu verstehen, wo und wie weit Lorenzer bei seinen Überlegungen über die zeitgenössisch bereits bestehenden Sozialisationstheorien hinausgegangen ist, ist eine kurze historische Kontextualisierung seines Denkens notwendig. Die grundlegende Problemstellung ist schon deutlich älter:

Der Erste Weltkrieg und der ihn begleitende Hurra-Patriotismus, danach die Niederschlagung der revolutionären Unruhen durch rechtsextreme Freikorps unter dem Befehl einer von der SPD geführten Regierung hatten in Deutschland die Hoffnungen auf eine internationale Revolution bitter enttäuscht: Warum handeln die Menschen freiwillig »gegen ihre Interessen«? Zehn Jahre später stieg die NSDAP zu einer Volkspartei auf, die über ein Drittel der Wählerstimmen auf sich vereinigen konnte und schließlich die Regierungsgewalt übernahm.

Karl Marx hatte die allgemeine Unfähigkeit, über die bestehende Gesellschaftsform hinauszudenken, mit der Wirkung von Ideologien erklärt: »Es ist nicht das Bewußtsein der Menschen, das ihr Sein, sondern umgekehrt ihr gesellschaftliches Sein, das ihr Bewußtsein bestimmt« (Marx 1859, S. 9). Das bedeutet, dass das Bewusstsein der Menschen nicht frei und unabhängig von der sozialen Welt, sondern durch die jeweiligen gesellschaftlichen Verhältnisse geformt und geprägt ist. Und da die herrschenden Gedanken immer die Gedanken der herrschenden Klasse sind (vgl. Marx 1846, S. 46), die ihre Macht zu rechtfertigen sucht, spiegelt sich im herrschende Bewusstsein immer schon die Ideologie, mit der soziale Herrschaftsverhältnisse verschleiert und legitimiert werden.

Wenn man die von Marx aufgestellte sechste Feuerbachthese ernst nimmt, dass nämlich das »menschliche Wesen [...] kein dem einzelnen Individuum innewohnendes Abstraktum«, sondern »in seiner Wirklichkeit [...] das Ensemble der gesellschaftlichen Verhältnisse« ist (Marx 1845, S. 534), dann hat das entscheidende Konsequenzen für das Konzept der Subjektivität: Es gibt keine der sozialen Welt vorgängige »abstrakte« Natur des Menschen. Marx' Konzentration auf das (ideologische) *Bewusstsein* und seine These, dass sich das Bewusstsein in gesellschaftlichen und ökonomischen Krisenlagen radikalisieren und zum Durchbruch einer sozialistischen Revolution führen könne, genügt aber noch nicht zur Erklärung der in den 1920er Jahren zur Debatte stehenden Phänomene: Die nationalistische, später nationalsozialistische Euphorie und der Hass auf die (angeblichen) Feinde der Nation waren mehr als ein »falsches Bewusstsein«. Es waren *affektive* Regungen, deren Motive den Akteuren selbst kaum bewusst waren: Den Nationalsozialisten und Nationalsozialistinnen zufolge lagen diese Affekte den Deutschen einfach »im Blut« oder wurden abstrakt rassentheoretisch begründet. Wenn man diesen irrationalen Selbstdeutungen nicht folgen will, stellt sich auch bezüglich der Bedeutung der Affekte die Frage nach dem »menschlichen Wesen« und seiner kulturellen Bedingtheit. Erforderlich ist eine Theorie zur *»Sozialisation«* der von Freud so bezeichneten Triebe, also zur Entwicklung der Affekte im Zusammenspiel mit gesellschaftlichen Zwängen und kulturellen Rahmenbedingungen. Die Suche nach einer solchen Affekttheorie führte kritische Wissenschaftler_innen zu einer gesellschaftskritischen Lesart der Psychoanalyse und einer sozialpsychologischen Rekonstruktion der Subjektwerdung. Marx wurde mit Freud zusammengedacht. Ausgehend von den »freudomarxistischen« Diskussionen der 1920er und 30er Jahre[16] wurde maßgeblich von Erich Fromm das Konzept des »Gesellschafts-« oder »Sozialcharakters« entwickelt: Die natürlichen (von Fromm anfangs als sinnlich-leibliche »Triebe«, später als »existentielle Bedürfnisse« nach »Bezogenheit« gefassten) Anlagen des Menschen würden durch die Erziehung in der Familie als »psychologische[r] Agentur der Gesellschaft« (Fromm 1932, S. 42) nicht nur unterdrückt, sondern gesellschaftlich nutzbar gemacht, indem sie teilweise unbewusst gehalten und dann umgelenkt und kanalisiert würden:

> »Die Aufgabe des Gesellschafts-Charakters besteht darin, die Energien der Mitglieder der Gesellschaft so zu formen, dass ihr Verhalten nicht mehr einer bewussten Entscheidung bedarf, ob sie sich dem Sozialgefüge einordnen sollen oder nicht; dass die Menschen vielmehr so handeln wollen, wie sie handeln müssen, und dass sie gleichzeitig darin eine Genugtuung finden, sich gemäß den Errungenschaften der Kultur zu verhalten« (Fromm 1949: 209f.).

Ein »sadomasochistischer« oder »autoritärer Charakter« entstehe zum Beispiel durch die Verdrängung der Aggressionen gegen tyrannische Väter und andere Autoritäten und ihre Verschiebung auf Schwächere. Solche Charakterstrukturen hervorbringende gesellschaftliche »Triebschicksale« würden schon in

16 Vergleiche zur Geschichte der freudomarxistischen Diskussion und der anschließenden psychoanalytischen Sozialpsychologie Brunner et al. (2012).

früher Kindheit fixiert und die Menschen dazu disponieren, als Erwachsene verführbar für politische Bewegungen oder auch Konsumangebote zu sein. In dem sogenannten »Kulturismusstreit« – in dem unter anderen Herbert Marcuse und Theodor W. Adorno auf der einen, Fromm und Karen Horney auf der anderen Seite bis in die 1950er Jahre hinein über das Sozialcharakterkonzept stritten – wurde in Frage gestellt, dass der Sozialcharakter bruchlos dazu führt, dass die Menschen »so handeln wollen, wie sie handeln müssen«. Ein von den gesellschaftlichen Forderungen abweichendes Wollen schien theoretisch nicht mehr zu existieren. Dieses Problem des sogenannten »Kulturismus« stellte sich verschärft, nachdem Fromm den leibgebundenen Triebbegriff aufgegeben hatte. Doch auch in Adornos Verständnis einer »verwalteten Welt« und in Marcuses (1964) Sicht auf den »eindimensionalen Menschen« schienen die Subjekte vollständig in den gesellschaftlichen Anforderungen aufzugehen. Gleichzeitig beharrte Marcuse jedoch auf dem befreienden Potential des natürlichen »Eros«, welcher den gesellschaftlichen Zumutungen entgegenwirke. Damit stellte sich allerdings das dem Kulturismus entgegengesetzte Problem, dass doch wieder an einem »den Menschen innewohnendem Abstraktum« festgehalten wurde und es sogar einen zentralen Stellenwert in der Theorie bekam. Auch Fromm hatte einerseits den Sozialcharakter betont, andererseits aber ein natürlich-existentielles Bedürfnis nach Liebe und Freiheit postuliert, dass sich sozialcharakterologisch verzerre oder aber »authentisch« gelebt werde (vgl. Fromm 1968). Noch wesentlich gravierender als bei Fromm und Marcuse wurde diese Tendenz zur Naturalisierung und Biologisierung aber bei Wilhelm Reich, für den der Sexualtrieb zu einem qualitativ genau bestimmbaren Instinkt wurde, einem leibgebundenen Streben nach Freiheit, Solidarität und orgasmischer heterosexueller Liebe. Adorno stand solchen Naturalisierungen oder Biologisierungen als Lösung des Kulturismus-Problems skeptisch gegenüber und hütete sich vor inhaltlichen Bestimmungen des »Nicht-Identischen«. Er nahm die sechste Feuerbachthese sehr ernst:

> »Die Subjekte, welche die Psychologie zu untersuchen sich anheischig macht, werden nicht bloß, wie man das so nennt, von der Gesellschaft beeinflusst, sondern sind bis ins Innerste durch sie

> geformt. Das Substrat eines Menschen an sich, der der Umwelt entgegenstünde [...], bliebe ein leeres Abstraktum« (Adorno 1962, S. 562).

4.2 Lorenzers Problemstellung

An die Position Adornos im Kulturismusstreit knüpfte Alfred Lorenzer im Rahmen der Diskussionen um eine »Kritische Theorie des Subjekts« in den 1970er und 1980er Jahren wieder an und entwarf eine Kritik und Weiterentwicklung des Sozialcharakterkonzepts. Dabei ist seine Leitlinie wieder die sechste Feuerbachthese:

> »Der Erkenntniswert der Psychoanalyse steht und fällt damit, ob die Psychoanalyse es vermag, die ›Wahrheit‹ der 6. Feuerbachthese ›... das menschliche Wesen ist kein dem einzelnen Individuum innewohnendes Abstraktum. In seiner Wirklichkeit ist es das Ensemble der gesellschaftlichen Verhältnisse‹ [...] in wahren Erkenntnissen über konkrete Persönlichkeitsstrukturen auszusagen« (Lorenzer 1974a, S. 7).

Auch Lorenzer hält am leibgebundenen Trieb fest. Um die Untiefen der Biologisierung zu vermeiden, beleuchtet er das Konzept des Triebes neu. Wie er es von biologistischen Festlegungen zu befreien sucht, so will er die Leiblichkeit der Triebe und deren widerspenstiges Potential gegen gesellschaftliche Zumutungen herausarbeiten. Es geht ihm um eine Theorie, die zu zeigen vermag, dass die Subjekte, »so sehr [sie] Produkte des gesellschaftlichen Ganzen sind, so sehr [...] als solche Produkte notwendig zum Ganzen in Widerspruch« treten (Adorno 1955, S. 49). Hierzu nimmt Lorenzer zwei Ebenen in besonderer Weise in den Blick: Erstens diejenige des leiblichen Triebes, die er interaktionstheoretisch reformuliert, zweitens diejenige der Ideologie, deren affektive und unbewusste Verankerung im Subjekt er vor dem Hintergrund seiner Symboltheorie (vgl. Kapitel 2) neu konzipiert.

4.3 Interaktionen als Sozialisationsmedien

Die Triebe sind keine Instinkte, keine vererblichen Reiz-Reaktions-Schemata des Verhaltens, aber sie sind leibgebunden. Sie sind – so Lorenzers Reformulierung der psychoanalytischen Triebtheorie[17] – die intrapsychischen Niederschläge von Spuren der in früher Kindheit erlebten Interaktionen, welche den Leib prägen und formen und einen Drang zu ihrer Wiederholung erzeugen.

Diese Interaktionen finden entwicklungspsychologisch vor jedem Erleben einer Getrenntheit von Subjekt und Objekt, teilweise schon pränatal, statt. Das Wechselspiel zwischen den Bewegungen des Fötus, später des Säuglings, und der Art, wie die Mutter oder andere Pflegepersonen auf sie reagieren, bildet Interaktionsmuster. Diese schlagen sich als leiblich erinnerte »bestimmte Interaktionsformen« in »sensomotorischen, organismischen Formeln« nieder und organisieren zunehmend die Empfindsamkeit und Erogenität des kindlichen Leibes. Die Lippen beispielsweise – so hat es schon Freud beschrieben – werden zur leiblich erlebten erogenen Zone über die »Reizung durch den warmen Milchstrom« während der Still-Szene, die so »die Ursache der Lustempfindung« wird (Freud 1905, S. 88). In diesen Interaktionsmustern erlebte Befriedigungen bilden leiblich erinnerte szenische Modelle für zukünftige Befriedigungen und drängen als »Triebe« nach Wiederholung: »Der Bedarf, der in der realen Situation seine Stillung gefunden hat, wird in der Interaktionsform zum Anspruch, die Befriedigung in einer spezifisch einsozialisierten Weise zu erhalten« (Lorenzer 1992, S. 88). Hier liegen die Wurzeln aller späteren affektiven Wünsche und Aversionen.

In die den Trieb hervorbringenden Interaktionen geht eine Aktivität von zwei Seiten – Pflegeperson und Kind – ein. Während bei der »Einigung auf bestimmte Interaktionsformen in der Mutter-Kind-Dyade« (Lorenzer 1974b, S. 29) die Regungen des

---

17 Vergleiche auch König (2014), der in seinem Beitrag zeigt, wie sich Freuds Topik des Unbewussten, Vorbewussten und Bewussten im Rückgriff auf Lorenzer sozialisationstheoretisch begreifen und mit Piagets Konzepten der symbolischen und begrifflichen Intelligenz vermitteln lässt.

Kindes von seinem zunächst »diffusen Körperbedarf« (Lorenzer 1981a, S. 86) bestimmt sind, stehen die Reaktionen der primären Pflegeperson[18] in einem kulturellen Kontext von Verhaltensregeln: Ob beispielsweise ein Säugling in einer Wiege mit Federbett liegt und mit einem aufziehbaren Klangspiel einschläft, ob er im Tragetuch den Puls der vor sich hinsummenden Pflegeperson spürt und vor sich hindämmert oder ob er eng gewickelt in der Rückentrage einer schweigsamen Mutter steckt, darin in den Schlaf verfällt und wieder aufwacht, ist mit unterschiedlichen kulturellen Erfahrungen verbunden. Die sich aus diesen Interaktionen bildenden »Triebe« als leiblich verankerte »Lebensentwürfe« sind somit immer schon sozial hergestellt, nie kultur- und geschichtslos. Sie sind als die sozial hergestellten Formen, in denen die Befriedigungen des körperlichen »Bedarfs« erfahren wurden und infolgedessen vom Kind als konkrete »Bedürfnisse« erwünscht werden, »sozialisierte Natur« (Lorenzer 1977a, S. 43).

Grundsätzlich ist das Verhalten, das die erwachsene Pflegeperson – als eigenständiges Subjekt und als zugewandter Teil einer Einheit – in die Interaktion mit einbringt, widersprüchlich. Dieser Widerspruch kann durch den Versuch, das Kind zu beherrschen, »gelöst« werden. Auch die Matrix der dem Kind einsozialisierten Bedürfnisse ist daher in sich konfliktreich und kann sehr problematisch ausfallen. Bezüglich des im 20. Jahrhundert aufkommenden autoritären Charakters stellt Lorenzer beispielsweise »›psychopathologische Persönlichkeitsstörungen‹ in der basalen Schicht der unbewussten Lebensentwürfe« fest, denen stark herrschaftsförmige Interaktionsmuster zugrunde liegen (Lorenzer 1989, S. 23). Lorenzer erwähnt auch die Möglichkeit des völligen Scheiterns der Einigung auf Interaktionsformen – Resultat wären schwerste Entwicklungsstörungen wie Hospitalismus oder der Tod des Kindes (vgl. Lorenzer 1981a, S. 153f.).

Noch vor der Ausbildung einer »Psyche« als »Innen-«Raum eines »Subjekts« konstituiert und sozialisiert sich so der Leib im

18 Wenn Lorenzer von der »Mutter« spricht, dann meint er damit die primäre Pflegeperson, gleichgültig, ob diese traditionellerweise als »mütterlich« bezeichnete Rolle von der Mutter, dem Vater oder einer anderen Person eingenommen wird.

noch ungeschiedenen Wechselspiel mit der Umwelt und wird mit dem Sinn der Interaktionsmuster versehen (König 2012a, S. 127ff.). Es handelt sich hierbei – wie bei Freuds Beschreibung der Herausbildung erogener Zonen – noch nicht um psychische Prozesse im Sinne einer vom Leib differenzierten geistigen Aktivität. Vielmehr formuliert Lorenzer eine »Hermeneutik des Leibes« (Lorenzer 2002, S. 225; 1988, S. 170), mittels derer die »›Grammatik‹ des Körpers« (Lorenzer 1988, S. 167) entziffert werden könne. Lorenzer stützt sich bei diesen Überlegungen auf den Daseinsanalytiker und Vorläufer der heutigen Leibphänomenologie Ludwig Binswanger:

> »Das, was Binswanger als Leib bezeichnet, wird [...] nicht als [...] sinnlose Matrix einer ›von oben‹ (dem ›Geist‹, dem ›Bewußtsein‹, der ›Sprache‹) aufgestülpten Bedeutsamkeit angesehen. Der Leib selbst gibt Regeln, Handlungsmuster vor« (Lorenzer 2002, S. 210).

Im Rückgriff auf die Konstitutions-Typologie seines Doktorvaters Ernst Kretschmer (unter scharfer Ablehnung von dessen eugenischer Vererbungslehre) führt Lorenzer aus, dass die Sinnhaltigkeit des Leibes sogar dessen anatomische Gestalt nicht unberührt lasse:

> »Die basalen physiologischen Funktionsformeln bestimmen auch die Gestaltung des Embryonen. Mit anderen Worten: Die Morphologie, das, was an dinghaft-körperlicher Gestalt entsteht, fällt nicht vom Himmel, sondern ist das Resultat des in Funktionsformeln geronnenen Zusammenspiels auf physiologischer Ebene, in das die soziale Sinnstruktur immer schon eingegangen ist. So wird der Körper ›dinghaft‹ gebildet« (Lorenzer in: Lorenzer/Görlich 1980, S. 341)

Der übliche Dualismus von passiver, unhistorischer Materie und des sie angeblich belebenden Geistes wird so aufgehoben. Die leibliche Materie hat eine Geschichte sowie einen »Willen« und »Eigensinn«. Die aus den »organismischen Formeln« entspringenden »anstößigen Körperwünsche« (Lorenzer 1984b, S. 196) können daher ein widerständiges Potential darstellen, das zur Wiederholung der dyadischen Szenen drängt, in denen die Interaktionsformen den Leib konstituiert hatten. Die gesellschaftlich erzwungenen Interaktionsmuster im späteren »Ernst des Lebens« entsprechen dagegen kaum diesen frühkindlichen Szenen.

Sozialisationstheorien, die diesen Strukturunterschied zwischen den verschiedenen Lebensphasen übersehen und eine kontinuierlich verlaufende Einpassung des Menschen in die Gesellschaftsordnung, ihre »Prägung«, annehmen, bezeichnet Lorenzer als »adultistisch« (Lorenzer 1977b, S. 37ff.). Demgegenüber hält er fest an der Annahme eines Widerspruchs zwischen den Trieben und den gesellschaftlichen Anforderungen, aus dem ein letztlich leibliches Leiden entsteht. Es äußert sich in (Alltags-)Pathologien, in abweichendem Verhalten oder auch in bewusstem Widerstand gegen kulturelle Normen und Gesetze.

4.4 Diskurse als Sozialisationsmedien

Neben der Reformulierung der Triebtheorie als Interaktionstheorie ist Lorenzers zweite große Modifikation der Sozialcharakterologien der Einbezug seiner Symboltheorie (vgl. Kapitel 2) in die Überlegungen über die Mechanismen der Sozialisation. Bereits im vorigen Kapitel wurde erörtert, dass die zum Trieb geronnenen und leiblich erinnerten bestimmten Interaktionsformen in präsentativen und diskursiven *symbolischen Interaktionsformen* ihre Erscheinung finden und dass sich dabei die psychischen Strukturen bilden, die Freud Ich und Über-Ich genannt hat. Lorenzer folgt mit dieser Bindung des Geistig-Symbolischen an das Leibliche Adorno:

> »Alles Geistige ist modifiziert leibhafter Impuls, und solche Modifikation der qualitative Umschlag in das, was nicht bloß ist. Drang ist […] die Vorform von Geist« (Adorno 1966, S. 202).

In der Nachfolge von Marx denkt Adorno dieses Geistige nicht als unabhängig von der gesellschaftlichen Praxis. Die Welt wird nie objektiv-neutral abgebildet, sondern immer auf eine spezifische Weise in der (ideologischen) Wahrnehmung konstruiert. Lorenzers Symboltheorie ist, dieser Kritik folgend, eine sozialwissenschaftlich-konstruktivistische. Sie stützt sich auf die Sapir-Whorf-Hypothese, die besagt, dass

> »die jeweilige Sprache als lexikalisch-semantisch wie als grammatikalisch-syntaktisches System, die [bewussten] Erfahrungen durch und durch organisiert. […] Es werden also nicht nur die Gedanken von der Sprache präformiert, vielmehr erweist sich auch,

daß die Regeln der Sprache Regeln des Denkens sind« (Lorenzer 2002, S. 114f.).

Die Formen des Bewusstseins sind also an die Formen der verschiedenen Sprachen geknüpft, genauer: an historisch spezifische Diskurse und – mit Susanne Langer – an historisch spezifische Ordnungen präsentativer Symboliken. Diese subjektbildenden Symbolisierungen bilden ebenso wie die Umgangsweisen der Pflegeperson mit dem kindlichen Körper die wichtigsten Sozialisationsfelder zwischen der kulturellen Ordnung und der Psychodynamik und -struktur des Subjekts.

Das sich entwickelnde Subjekt wird nicht nur in kulturelle Sprachspiele verwickelt, es eignet sie sich vielmehr aktiv an und widersetzt sich auf der Bedeutungsebene der sinnlich-organismischen Interaktionsformen, der Triebe. Welche Denkmöglichkeiten die Sprache auch erschließt, sie vermag nicht alles Erleben zu symbolisieren und hervorzurufen. Im Gegenteil: Ihre konsistente Systemhaftigkeit schließt bestimmte Erlebnisformen geradezu aus:

> »Hatte das Kind vordem die Möglichkeit, voll und ganz in der jeweiligen Situation aufzugehen und ohne Rücksicht auf andere Situationen oder das Gesamt der Lebensführung mehr oder minder ungehindert zu agieren (was Freud mit dem Begriff des ›polymorph-perversen‹ Verhaltens gekennzeichnet hat), so wird nun diese Freiheit – oder sagen wir besser: Ungezwungenheit – zunehmend eingeschränkt. Die Bindung des Interagierens an Sprache bedeutet ja die Nötigung, die eigenen sensomotorischen Reaktionen einem kollektiv vereinbarten Normensystem zu unterwerfen« (Lorenzer 1981a, S. 92).

Das Erleben umfasst stets mehr und anderes als die Sprache – »wie jedes Liebesverhältnis deutlich macht« (ebd., S. 93). Unsagbares, also das, was jedes gesellschaftlich *sinnvolle* Denken sprengen würde, ist nicht diskursiv symbolisierbar. Es wird entweder gar nicht erst symbolisiert oder später wieder desymbolisiert – manches später Peinliche ist mit drei Jahren noch durchaus formulierbar. In der Spannung zwischen den zwei verhaltensanweisenden Systemen – organismische Formeln und Sprache – können die diskursiv-symbolischen Interaktionsformen wieder *desymbolisiert*, das heißt in ihre Einzelbestandteile – einerseits die bestimmte Interaktionsform, andererseits das dazu gehörige Wort – zerrissen werden. Unbewusst wirken die bestimmten Interaktionsformen dann als »Klischees« weiter und finden sprachlose Ausdrücke in *Symptomen*. Dies können Konversionssymptome und psychosomatische Erscheinungen sein, in denen der Leib »spricht«, oder auch situativ auslösbare Handlungen, die gemäß automatischer Reiz-Reaktions-Muster ablaufen und vom Subjekt willentlich nicht steuerbar sind.

Diese Wiederkehr des Verdrängten im Symptom als entstellter *Ersatzbefriedigung* der organismischen Formeln wird von einem »schablonen-artigen Sprechen und Denken begleitet, welches als *Rationalisierung* das unbewusst motivierte Symptom-Handeln falsch und weniger anstößig begründet: Das Subjekt täuscht sich über sich selbst. Das bewusste Benennen widerspricht dem unbewussten, leiblichen Erleben:

> »Die Einheit von *Symptom* und *Sprachschablone* bildet das eigenartige Double der ursprünglichen Einheit, der symbolischen Interaktionsformen. Beide ›Einheitsbildungen‹, die gute wie die schlechte, vereinigen Interaktionsformen und Sprachfiguren, verklammern also die beiden verhaltensregulierenden Systeme, die [Trieb-]Matrix und die Sprache miteinander. Beim Symptom ist die Einheit ein fauler Kompromiß, der das Symptom sozial tolerabel und für das Individuum halbwegs erträglich macht« (Lorenzer 1981a, S. 113).

Dabei ist Lorenzer die Feststellung sehr wichtig: »Das Unbewusste ist nicht der Schatten des Bewusstseins« (Lorenzer 1988, S. 165). Die Formen des Unbewussten entstehen nicht nur als Negativ des Benannten (etwa die verdrängte Homosexualität als Negativ der bewussten Heterosexualität, wie es sich bei Foucault lesen lässt), sondern haben ihr noch tieferes Fundament in der »autochthonen Sinnstruktur« (ebd., S. 164) des gewordenen Leibes, die dem Bewusstgemachten *und* dem Verdrängten vorausgeht.

Bei der Symptom- und Rationalisierungswahl ist das Subjekt nicht nur auf sich gestellt: Ideologische Diskurse, mit denen das Subjekt in der Adoleszenz oder im Erwachsenenalter in Berührung kommt, bieten Rationalisierungen an. Wie bereits in Kapitel 2.3.3 angedeutet, wird so die individualpsychologische Perspektive erweitert um eine kulturwissenschaftlich-diskursanalytische Dimension. Unter deren Einfluss kann das bewusste

Erleben nachträglich umgeschrieben werden. Dabei halten die ideologischen, kollektiven Sprachschablonen das Unbewusste verdeckt und suggerieren Gesundheit. Für ein automatisiertes Ausagieren des Unbewussten bieten sie zudem kollektive Symptom-Schablonen, welche etwaige individuelle Symptome ersetzen können. Im Rassismus wird beispielsweise ein eigenes affektives Erleben, welches das bewusste Selbstkonzept irritieren könnte, unbewusst gehalten und stattdessen als Eigenschaft eines anderen erfahren – ein Vorgang, der in der Psychoanalyse als »Projektion« bezeichnet wird. So entstehen Bilder vom »schwarzen Vergewaltiger«, »lüsternen Juden« oder »faulen Zigeuner«, während das eigene »Volk« makellos bleibt:[19] Rassistisches Gedankengut liefert dem Individuum eine Rationalisierung für seinen auf Fremde verschobenen Hass und Ekel.

Die Ablösung der Sprache vom Erleben der organismischen Formeln des Leibes und ihrer Affekte kann dermaßen umfassend sein, dass das Bewusstsein von »Kälte und Beziehungslosigkeit«, von einer »strikte[n] Unterwerfung des eigenen Körpers, der eigenen wie fremden Bedürfnisse« geprägt ist. Es entsteht dann ein »›falsche[s] Ich‹, das sich selbstentfremdet dem Diktat objektivistischer Zeichensysteme fügt« (1989, S. 21):

> »Dies sind nun keine Leidenden mehr, es ist die anwachsende Gruppe derer, die nur zu gut ›hören‹ und sprechen, die aber nichts mehr ›fühlen‹ – um auf ein Sprichwort anzuspielen. Nicht mehr Patienten treten uns gegenüber, sondern ›Supernormale‹, die überaus gut funktionieren, weil sie ›frei‹ sind von der Bürde sinnlicher Erfahrung, frei von der Bindung an andere, d.h. unfähig zur solidarischen Kooperation« (Lorenzer in: Lorenzer/Görlich 1980, S. 326).

Hierbei geht es nicht um ein individuelles Problem: Wie schon Horkheimer und Adorno (1944, S. 189) betrachtet auch Lorenzer einen kulturgeschichtlichen Prozess, in dem sich tendenziell die Symbolisierungen immer mehr vom leiblichen Erleben ablösen und sich damit die Ideologieanfälligkeit der Subjekte erhöht.

---

19 Vergleiche Kapitel 2.3.3, in dem wir auf der individualpsychologischen Ebene die Aneignung eines rassistischen Diskurses über »Türken und Jugoslawen« beobachtet haben.

4.5 Präsentative Symboliken als Sozialisationsmedien

Noch vor dem Sprechenlernen kann das Kind mittels präsentativ-symbolischer Interaktionsformen sein Erleben im Spiel situationsunabhängig evozieren[20]. Die präsentativen Symboliken treten dem Seelenleben des Kindes dabei nicht als ein ebenso fertiges System wie die Sprache entgegen. Zwar kann es auch hier erst einmal nur aus dem Reservoir des Vorhandenen schöpfen, aus den ihm angebotenen Spielsachen, Märchenfiguren, Kinderliedern etc. Diese Bedeutungsträger_innen sind kulturell schon mit Sinn aufgeladen, wobei sie aber »dem Unbewussten näherstehen als die Sprachfiguren« (Lorenzer 1981a, S. 157), da »das Symbol hier noch Teil desselben sinnlich-unmittelbaren Interaktionsfeldes ist, zu dem auch die symbolisierte Interaktion mit der Mutter gehört« (ebd., S. 159). Die präsentativ-symbolischen Interaktionsformen vermögen daher die dyadische Szene intensiver zu evozieren als die Sprache mit ihrer grammatischen Subjekt-Objekt-Trennung und ihren isolierten Gegenstandsbezeichnungen. Für die präsentativ-symbolischen Interaktionsformen gilt dagegen: »eine sinnlich-unmittelbare Interaktion wird durch eine andere sinnlich-unmittelbare Interaktion ersetzt« (ebd., S. 159).

Diese Interaktionsformen, die den Kindern eine erste Selbstständigkeit gegenüber den Situationen ermöglichen, führen es auch in die Welt der kulturellen Bedeutungen ein: »Das Soziale rückt uns hier näher auf den Leib« (ebd., S. 162). Gleichzeitig haben die präsentativ-symbolischen Interaktionsformen aufgrund ihrer Sinnlichkeit aber auch ein Potential, das später die Einengung durch die Sprache sprengen kann. Sie ermöglichen ein Fühlen, welches die Symptom- und Rationalisierungsbildungen durchstoßen kann. Indem sie Möglichkeiten bietet, das Erleben jenseits der Sprache auszudrücken und wahrzunehmen, kommt der Kunst, den präsentativ-symbolischen Interaktionsformen der Erwachsenen, eine zentrale Rolle für kulturelle Veränderungen zu.

---

20 Vergleiche zur Bildung der präsentativ-symbolischen Interaktionsformen Kapitel 2.

Aber auch die präsentativ-symbolischen Interaktionsformen können wie die diskursiv-symbolischen wieder zerfallen. Typisch für ein Individuum mit »falschem Ich« ist sogar eine »Bildungshemmung« dieser Interaktionsformen, die noch tiefgreifendere seelische Folgen als die Desymbolisierung diskursiv-symbolischer Interaktionsformen hat, diese ergänzt und verfestigt. Ist das Kind den mechanischen und stereotypen Angeboten der Kulturindustrie ausgeliefert, die dessen Interaktionsformen mit kitschigen »ästhetischen Schablonen« kurzschließt, so bleibt auch auf dieser Bedeutungsebene das leibliche Erleben von der Symbolisierung ausgeschlossen:

> »Was für Sprachschablonen gilt, trifft auch für die ästhetischen Formschablonen zu. Läuft bei der ›Sprachzerstörung‹ durch Desymbolisierung sprachsymbolischer Interaktionsformen die Persönlichkeitsdeformation aber als Trennung von sinnlicher Erfahrung (einsozialisierten Interaktionsformen) und Bewußtsein (Sprachfiguren) ab, so ist die Defizienz der Bildung sinnlich-symbolischer Interaktionsformen durch eine *Verkürzung von Erlebnisbereichen* gekennzeichnet« (ebd., S. 168).

Werbung, kulturindustrielle Waren und populistische politische Inszenierungen versprechen mit ihren ästhetischen Schablonen ein authentisches Erleben, welches sie in Wirklichkeit durch die angebotenen Ersatzbefriedigungen verdecken. Die Hoffnung bleibt, mit Hilfe der (künstlerischen) Inszenierung bislang verpönter symbolischer Interaktionsformen etablierte Herrschaftsformen, die einen fest gefügten Komplex aus Ersatzbefriedigungen und ästhetischen Schablonen geschaffen haben, in Frage zu stellen: Eine »Organisation von Sinnlichkeit gegen jene ›organisierte Desorganisation‹, die Marcuse unter dem Titel ›repressive Entsublimierung‹ zu fassen suchte« (ebd., S. 167).

Im Vergleich zu den älteren Sozialcharakterologien bietet Lorenzers materialistische Sozialisationstheorie, welche die Psychoanalyse mit der Diskursanalyse verbindet, große Vorteile: Die Vorstellung einer frühkindlichen Charakter-Determinierung wird weitgehend vermieden und Sozialisation nicht als Prägungsprozess gedacht, dem das Kind passiv unterworfen wäre, sondern als interaktiver Prozess, in dem auch das Kind seine Bedürfnisse einbringt. Die symboltheoretische Betrachtung der Funktion ideologischer Diskurse und Ästhetiken als Sozialisationsmedien ermöglicht eine Perspektive nicht nur auf die frühkindlichen, sondern auch auf die adoleszenten und adulten Umschriften des psychischen Geschehens. Der Sozialcharakter wird durch die Möglichkeit immer erneuter Neuordnungen der symbolischen Interaktionsformen dynamisiert.

4.6 Beispiel: Geschlecht

Zur Veranschaulichung wird Lorenzers materialistische Sozialisationstheorie im Folgenden anhand des Beispiels der kulturellen Geschlechterordnung illustriert. Diese spielt bei Lorenzer selbst als Gegenstand der kritischen Reflexion fast gar keine Rolle. Allerdings wurde seine Theorie in den letzten Jahren wiederholt in der psychoanalytisch-sozialpsychologischen Geschlechterforschung gewinnbringend verwendet (vgl. König 2012a, 2012b; Quindeau 2008; Winter 2013a, 2013b).

Der Mainstream der Geschlechterforschung argumentiert derzeit konstruktivistisch. Judith Butler hat hier entscheidende Paradigmen formuliert: Ausgangspunkt ist ihre Überlegung, dass die Zweigeschlechtlichkeit kein »den Individuen innewohnendes Abstraktum« ist, sondern Ergebnis einer diskursiv vermittelten Wahrnehmungsweise, die kulturell und historisch spezifisch untersucht werden kann. Das Denken bringt performativ, d. h. wirklichkeitschaffend, das Gedachte als Phänomen hervor und lädt es mit Bedeutung auf.

Um ein Subjekt mit intelligiblen, das heißt als sinnvoll anerkannten Gefühlen und Körperbezügen zu werden, muss das Kind demnach lernen, sich als »Mädchen« oder »Junge« wahrzunehmen. Das hat Folgen für die sich bildende Psyche, die dann zwangsläufig auf Unbewusstmachungen – »Verwerfungen« in Butlers Lacanianischen Begriffen – beruht: Die bewusste Verortung in der Zweigeschlechtlichkeit und ihrer Heteronormativität führt insbesondere dazu, dass eine Gleichzeitigkeit der affektiven Bindungen von »Identifikation« und »Begehren« nicht intelligibel ist:

> »Die heterosexuelle Logik, die verlangt, daß sich Identifizierung und Begehren gegenseitig ausschließen sollen, ist eines der einschränkendsten psychologischen Instrumente des Heterosexismus

> überhaupt: Wenn sich eine Person als ein gegebenes Geschlecht identifiziert hat, muß sie ein anderes Geschlecht begehren« (Butler 1993, S. 328f.).

Die gleichgeschlechtlichen Liebesobjekte, die das Kleinkind hatte, müssen zunehmend aufgegeben werden. Die Liebe zu ihnen wird ein unsäglicher Unsinn, kann nicht einmal betrauert, sondern muss, um intelligibel zu sein, durch eine Identifikation ersetzt werden: Der Junge will wie Papa sein – dass er ihn einmal heiraten wollte, hat er »vergessen«. Butler beschreibt, wie sich die entstehende heterosexuelle Identität aus Identifikationen mit den Objekten der versagten homosexuellen Liebe speist:

> »Der heterosexuelle Mann *wird* zu dem Mann (ahmt dessen Status nach, zitiert ihn, eignet sich ihn an, nimmt ihn an), den er ›niemals‹ liebte und um den er ›niemals‹ trauerte, die heterosexuelle Frau *wird* zu der Frau, die sie ›niemals‹ liebte und um die sie ›niemals‹ trauerte. In diesem Sinn ist also dasjenige, was höchst offenkundig als soziale Geschlechtsidentität darstellerisch realisiert wird, das Zeichen und Symptom einer alles durchdringenden Verleugnung« (ebd., S. 324).

Von der feministischen Leibphänomenologie (Gahlings 2006; Jäger 2004), Sozialisationsforschung (Maihofer 1995, 2002) und Körpergeschichte (Duden 1993) ist an Butlers Ansatz wiederholt kritisiert worden, dass sie ein nicht-diskursiv vermitteltes leibliches Empfinden theoretisch außen vor lässt. Die außerdiskursive Materie des Leibes ist bei Butler amorph und ohne Eigensinn und Eigendynamik, die benennbare Materie des Körpers und des heterosexuellen Begehrens aber ist diskursiv hervorgebracht und folgt daher scheinbar vollständig den diskursiven Logiken. Lorenzer kann hier mit seiner Betonung der leibgebundenen Lebensentwürfe als Wirkung der organismischen Formeln der bestimmten Interaktionsformen eine Erweiterung des Butlerschen Ansatzes liefern. Die Annahme dieses eigenständigen leiblichen Sinnsystems im Subjekt unterscheidet seine materialistische Sozialisationstheorie von derjenigen Butlers.

Schon bei der Bildung der bestimmten Interaktionsformen tauchen im Sozialisationsprozess geschlechtliche Unterschiede auf, denn die Deutungen des Verhaltens von Babys und die Reaktionen seitens der im kulturellen Kontext stehenden Pflegepersonen auf diese sind abhängig von dem (vermuteten) Geschlecht der Babys, wie die Baby-X-Versuche gezeigt haben (Sidorowicz/Lunney 1980). Auch wenn die Geschlechterordnung also schon auf dieser Ebene ihre Spuren hinterlässt, so ist doch die Wirkung der kindlichen Aneignung der heteronormativ strukturierten Sprache und der präsentativen Symboliken des Doing Gender der entscheidende Schritt für ihre künftige geschlechtliche »Identität«: Hier findet die performative »Rekodierung der frühen Beziehungserfahrungen unter dem Eindruck der Geschlechterdifferenz« (Rohde-Dachser 1991, S. 225) statt. Lorenzer führt an einer der ganz wenigen Stellen, wo er die Geschlechterdifferenz als Effekt der symbolischen Ordnung benennt, aus:

> »Die Sprache selbst entpuppt sich in ihrem Anspruch, alle Lebensäußerungen zu reglementieren, indem sie das sinnliche Verhältnis des Individuums zur Welt geschlechtsspezifisch definiert: Der Vater wird als Mann und die Mutter als Frau ›bewußt‹, und das Kind muß seine sinnlichen Bedürfnisse an dieser Grundeinteilung orientieren« (Lorenzer 1980: 318).

Die archaischen Erlebnisse, welche die frühen Interaktionen und ihren leiblichen Niederschlag geprägt hatten, können nach dem Spracherwerb ausschließlich entsprechend der »Grundeinteilung« weiblich/männlich angeordnet bewusst werden. Insbesondere die ehemalige Ungeschiedenheit von Subjekt und Objekt, welche die Grammatik nicht kennt und die ein Ineinander von Begehren und Identifikation mit sich gebracht hatte, wird nun geschlechtlich aufgetrennt: Erlebnisse von identifikatorischer Nähe, Sympathie und Einheit werden als »weibliche« bewusst, solche von Abgrenzung, Autonomie und Begehren des Getrennten als »männliche«. Weil diese symbolische Ordnung als »Grammatik der Begierden« unabdingbar für die bewusste Selbstwahrnehmung und -werdung ist, müssen die Kinder unabhängig von Erziehungsintentionen danach streben, sich diese Ordnung anzueignen und sich in ihr, wie auch immer, zu verorten – »notfalls auch im Gegensatz zu dem ›Vorbild‹ der eigenen Eltern« und »zum Entsetzen der nüchtern-modernen Mütter«, wie Carol Hagemann-White hervorhebt (Hagemann-White 1984, S. 86).

Auf der präsentativ-symbolischen Ebene werden die diskursiv-symbolischen Geschlechterentwürfe abgestützt durch die ästhetischen Schablonen des Doing Gender: Geschlechtsspezifische Kleidung, Frisuren, Bewegungen, Stimmlagen etc.

»Geschlecht« ist mit Lorenzer nicht als eine fixierte Persönlichkeitseigenschaft im Sinne eines Sozialcharakters, sondern als eine Symptom-Schablone zu verstehen, die nach ihrer Aneignung eine automatisierte und unwillkürlich ausgeführte Weise des Handelns, Denkens und Fühlens bewirkt, deren Bedeutung den Akteur_innen selbst verborgen bleibt und oftmals mit biologistischen Erklärungen rationalisiert wird.

4.7 Aktuelle Rezeption

Was lässt sich heute mit Lorenzers Sozialisationstheorie anfangen? Ist sein Versuch, biologistische, kulturistische und adultistische Sackgassen zu umgehen auch heute noch von Bedeutung für die Sozialisationsforschung oder sind die Probleme, denen er sich gestellt hatte, längst anderweitig theoretisch gelöst?

Lorenzers materialistische Sozialisationstheorie wurde neben ihrer Rezeption in der psychoanalytisch-sozialpsychologischen Geschlechterforschung vor allem in der psychoanalytisch-sozialpsychologischen Nationalismus-, Nationalsozialismus-, Rechtsextremismus- und Antisemitismusforschung aufgenommen (König 1995a, 1995b, 1996, 2002, c, Özdogan 2007, Winter 2013a), jenen Themengebieten, denen schon die freudomarxistischen Diskussionen nach dem Ersten Weltkrieg gegolten hatten. In den theoretischen Debatten der soziologischen Sozialisationsforschung spielt sie dagegen bislang kaum eine Rolle.

Dort verweisen die aktuellen Paradigmen auf »Selbstsozialisation«, »Selbstbildung«, »Selbstorganisation« und ähnliche Konzepte, welche die Eigenaktivität des Subjekts gegenüber biologischen Determinierungen und gesellschaftlichen Prägungen wie in den älteren kulturistischen Sozialcharakterologien betonen. Der sprachlichen Sinnvermittlung wird dabei eine wichtige Rolle zugeschrieben (Geulen 2005, S. 218ff.) Zunehmend wird im Zuge des »body turn« (Gugutzer 2006) und des »affective turn« (Clough 2010) auch die Rolle des Leibes (etwa mit Bourdieus Hexis-Konzept (Faulstich-Wieland 2008) oder unter direktem Rückgriff auf Lorenzer (Abraham 2006)) berücksichtigt. Diese Perspektiven könnten von Lorenzers Sozialisationstheorie, die genau auf diese Punkte fokussiert, durchaus profitieren. Klaus Hurrelmann hebt in seiner »Einführung in die Sozialisationstheorie« denn auch ausdrücklich Lorenzers Fassung der Psychoanalyse hervor und betont, dass »der Beitrag der Psychoanalyse für die Sozialisationstheorie nicht hoch genug eingeschätzt werden« könne (Hurrelmann 2002, S. 52ff.). Auch Dieter Geulen teilt in seinem Überblick über die »subjektorientierte Sozialisationstheorie« diese Bewertung und sieht das Potential vor allem in der Untersuchung der Ebene des Unbewussten (Geulen 2005, S. 78f.). Eine baldige Wiederentdeckung der materialistischen Sozialisationstheorie Lorenzers in der Sozialisationsforschung ist zu erwarten.

Nachdem wir in diesem Kapitel neben der Betrachtung von Lorenzers interaktionstheoretischem Triebkonzept seine Symboltheorie kulturwissenschaftlich gewendet und kulturelle Symbolsysteme als Sozialisationsmedien erkannt haben, folgt nun eine Darstellung, wie sich Diskursfragmente und andere kulturelle Objektivationen so interpretieren lassen, dass ihr unbewusster Gehalt sichtbar wird. Wie können wir als Forschende herausfinden, für welche psychischen Bedürfnisse bestimmte Symboliken und Weltanschauungen – als Ausdruck oder Verschleierung – attraktiv sind? Was macht ihre Sogwirkung aus?

5. Tiefenhermeneutische Kulturanalyse

> Das ist das Seltsame an der Sprache: Sie geht über die Grenzen des Körpers hinaus, ist innen und außen zugleich, und manchmal merken wir gar nicht, dass die Schwelle überschritten wird.
>
> Siri Hustvedt

> Mein Gott, wie er schreiben konnte. Seine Geschichten rührten an das Untergründige, an die furchterregenden Niederungen des menschlichen Daseins und fassten das in eine allgemeinverständliche Sprache.
>
> Siri Hustvedt

Alfred Lorenzer hat sich mit der Frage beschäftigt, wie die psychoanalytische Methode des szenischen Verstehens auf die Untersuchung von Kulturprodukten übertragen werden kann (Texte und Gedichte, Malerei, Skulpturen und Architektur, Filme und Fotos). Hintergrund ist eine genuin sozialwissenschaftliche Fragestellung: Lässt sich die gesellschaftliche Produktion von Unbewusstheit – sozial verpönte Wünsche und Bedürfnisse, un(v)erträgliche Vorstellungen und konflikthafte Phantasien – empirisch erforschen und erkennen? Von dieser Fragestellung gehen Lorenzers Überlegungen zur Methode und Methodologie der tiefenhermeneutischen Kulturanalyse sowie seine Beiträge zur Literaturinterpretation aus, die in den 1980er Jahren ein zentrales Themenfeld der psychoanalytisch orientierten Kultur- und Sozialwissenschaften war. Lorenzer fokussiert hierbei das Verhältnis von Rezipient_innen und Kulturprodukten: Das Lesen eines Textes, das Betrachten eines Bildes oder die Wirkung eines Raumes entspricht nach Lorenzer einer spezifischen Interaktion, die sich psychoanalytisch interpretieren lässt. Tiefenhermeneutische Kulturanalysen fragen primär nach der bewussten und unbewussten Wirkung eines Kulturproduktes auf die Rezipierenden: Was macht etwa ein Text mit den Lesenden? Wie produzieren Leser_innen die Textwirkung mit, indem sie unbewusste Konflikte, Phantasien und Gefühle auf das Kulturprodukt übertragen? Kulturprodukte und weiterführend Medien aller Art versteht Lorenzer als Sozialisationsagenturen für Erwachsene, vermittels derer sich die Wahrnehmungsweise und das Erleben, die Vorurteile und Ressentiments einer Persönlichkeit in ihren bewussten und unbewussten Anteilen verfestigen, in Frage stellen oder gar verändern lassen. Lorenzer öffnet mit seinen Arbeiten zur tiefenhermeneutischen Kulturanalyse einen Weg zu einer Methode, mit der sich die gesellschaftswissenschaftliche Frage nach dem Gelingen und Scheitern der Subjektkonstitution durch die Rezeption von Medien empirisch bearbeiten lässt.

In diesem Kapitel stellen wir die Grundgedanken Alfred Lorenzers zur *Tiefenhermeneutik* vor, wobei das besondere Augenmerk zunächst weniger der Frage gilt, *wie* Lorenzer die psychoanalytische Methode in den Bereich der Kulturanalyse überträgt. Im Mittelpunkt steht die Überlegung, *warum* er überhaupt über einen solchen Transfer nachdenkt.

5.1 Hintergrund und Herkunft der Tiefenhermeneutik

Den Begriff Tiefenhermeneutik verwendet ursprünglich der Sozialphilosoph Jürgen Habermas, der die Psychoanalyse als archäologisches Modell einer Hermeneutik des Unbewussten entwickelt. Dabei bezieht sich Habermas ausdrücklich auf die Arbeit Lorenzers, dessen Name heute fest mit dem Begriff Tiefenhermeneutik verbunden wird (Habermas 1968, S. 267, 295, 312).

Lorenzers Arbeiten zur Tiefenhermeneutik schließen inhaltlich und begrifflich an seine Sozialisationstheorie, seine Symboltheorie sowie seine Metatheorie des psychoanalytischen Prozesses an. Die Herleitung und Begründung ebenso wie die Methodologie der Tiefenhermeneutik ist daher voraussetzungsvoll. Jenseits einer soliden Kenntnis vor allem der dort entwickelten Begriffe und ohne eine Vertrautheit mit Lorenzers Sprachstil lässt sich die Tiefenhermeneutik nicht ohne Weiteres erschließen. Gegen die Sprache, in der Lorenzer schreibt, ist der Verdacht geäußert worden, sie sei hermetisch und abgeschlossen (vgl. Morgenroth 2010, S. 50).

Lorenzers Überlegungen stehen einerseits in der Tradition der psychoanalytischen Kulturtheorie (Freud 1930) sowie der psychoanalytischen Auseinandersetzung mit Kulturprodukten (Freud 1914) und andererseits in der Tradition der Gesellschaftskritik der kritischen Theorie. Genannt werden könnten hier vor allem die von Adorno und Horkheimer (1944) formulierten Überlegungen zur Kulturindustrie. Vor diesem Hintergrund ließe sich Lorenzers kulturanalytischer Ansatz hervorragend gesellschaftstheoretisch fundieren. Daher ist es erstaunlich, dass Lorenzer diese Überlegungen in seinen Arbeiten zur Tiefenhermeneutik trotz ihres dezidiert gesellschaftskritischen Anspruchs nicht explizit erwähnt.

5.2 Tiefenhermeneutik untersucht die Interaktion von Text und Leser_in

Ein Ausgangspunkt Lorenzers ist die Feststellung, dass in der Geburtsstunde der Psychoanalyse auch die Kulturanalyse entstanden ist. Diese Geburtsstunde datiert Lorenzer auf das Jahr 1897. Dies ist das Jahr, in dem Freuds Vater starb und in dem Freud den Ödipuskomplex entdeckt und benennt. Den Namen Ödipuskomplex erschafft Freud anhand einer Auseinandersetzung mit dem antiken griechischen Drama *König Ödipus* von Sophokles. Dieses Drama handelt davon, wie Ödipus unwissentlich seinen Vater Laios, den König von Theben, erschlägt und später seine Mutter Iokaste heiratet. Lorenzer streicht heraus, dass Freud der griechischen Mythologie nicht einfach nur den Namen *Ödipus* entlehnt, um das von ihm entdeckte psychische Phänomen zu bezeichnen. In der Tat spricht Freud weiterführend davon, dass das griechische Drama eine psychische Dynamik aufgreift, die Leser_innen in ihrer eigenen kindlichen Entwicklung erleben und verdrängt haben. Mehr noch: Angesichts dieser eigenen verdrängten Erfahrung »schaudert« es die Leser_innen bei der Lektüre des Ödipus-Dramas (Freud 1950, S. 193). Lorenzer verdeutlicht, dass Freud eine *Interaktion* der Leser_in mit den literarischen Figuren und der Handlung des griechischen Dramas annimmt. Freud geht davon aus, dass während der Lektüre des Ödipus-Dramas unbewusst Erinnerungen der Leser_in an die eigenen ödipalen Wünsche und Konflikte angesprochen und wieder lebendig werden. Dies nimmt die Leser_in als »Schaudern« wahr, ohne sich über dessen biographische Herkunft bewusst zu sein.

Lorenzer teilt die eindimensionale Gleichsetzung des ödipalen Dramas in der Literatur (»außen«) und der Aktualisierung von verdrängten ödipalen Konflikten der Leser_in (»innen«) nicht – diese widerspricht einer offenen Forschungshaltung (»gleichschwebende Aufmerksamkeit«), die für eine tiefenhermeneutische Analyse unerlässlich ist. Vielmehr geht es Lorenzer darum, auf die grundsätzliche Idee eines Zusammenspiels von literarischem Text und dem Unbewussten der Leser_in aufmerksam zu machen. Diese Interaktion markiert sowohl sozialisationstheoretisch als auch methodisch den Ansatzpunkt seiner tiefenhermeneutischen Kulturanalyse: Literarische Texte können dann, wenn die Leser_innen sich auf diese Texte emotional einlassen, eigene unbewusste Dynamiken ansprechen und spürbar machen. Auf diese Weise werden unbewusste Wünsche, Gefühle und Vorstellungen mobilisiert, was eine neue Auseinandersetzung mit ihnen ermöglichen aber eben auch ihre Unbewusstheit festigen kann. Es ist dieser Hintergrund, der Lorenzer dazu veranlasst, Kulturprodukte als Sozialisationsagenturen für Erwachsene zu bezeichnen.

Gegenstand der tiefenhermeneutischen Kulturanalyse ist daher nicht ein literarischer Text. Gegenstand ist vielmehr *die Wirkung*, die er in den Leser_innen entfaltet: »Zum Leser […] spannt sich der Interaktionsbogen tiefenhermeneutischer Analyse. Sein Gegenstand ist genau formuliert: Das ›Verhältnis des Lesers zum Text‹.« (Lorenzer 1981c, S. 172). Festhalten lässt sich daher, dass die Tiefenhermeneutik die Interaktion von Text und Leser_in untersucht. Im Folgenden wird deutlich, dass sie hierbei nach einer latenten, sprachlos wirksamen Ebene dieser Interaktion fragt, die das Unbewusste der Lesenden erreicht.

5.3 Texte als präsentative Symbolsysteme

Lorenzer erläutert diese Text-Leser_in-Interaktion mit Hilfe seiner Symboltheorie (vgl. Kapitel 2): Literarische Texte sind präsentative Symbole. Was heißt das?

Präsentative Symbole sind Bedeutungsträger, die »unter und neben dem verbalen Begreifen« etwas in »sinnlich greifbaren Gestalten« ausdrücken und mitteilen (Lorenzer 1981c, S. 30): In »Farben, Tönen, festem Material oder szenischem Spiel« (ebd., S. 31). Sicherlich nimmt Lorenzer hier den Bereich der Kunst und der Kultur in den Blick, aber eben auch »alle Produkte menschlicher Praxis, insoweit sie Bedeutung vermitteln« (ebd., S. 30). Ein berühmte Beispiel für ein präsentatives Symbol aus der psychoanalytischen Literatur ist die mit einem Faden umwickelte Holzspule (»Garnrolle«), die ein Kind über den Rand seines Bettchens wirft und wieder heran zieht (vgl. Freud 1921, S. 91ff.). Das Kind verwendet das präsentative Symbol »Holzspule« um sein Erleben des Fortgehens und Zurückkehrens der Mutter jenseits des Verbalen auszudrücken. Ein anderes Beispiel für ein präsentatives Symbol ist eine Rose, die vielen Menschen als ein Ding mit einer symbolischen Bedeutung gilt, die nicht sprachlich gefasst ist. Jemandem eine Rose zu schenken, ist ein symbolischer Akt, mit dem vielfach Liebe und Zuneigung nicht-sprachlich ausgedrückt wird. In Lorenzers Terminologie wäre eine Rose ein (freilich: schablonenhaftes) präsentatives Symbol, mit dem Menschen jenseits der Sprache etwas sagen und Gefühle ausdrücken.

Entscheidend ist nun, dass Lorenzer diesen Gedanken in zwei Richtungen weiterführt. Zum einen begreift er präsentative Symbole als Ausdrucksmöglichkeit auch für solche Wünsche, Gefühle und Vorstellungen, die unbewusst und im Wortsinn unsagbar sind.[21] Eine zweite besondere Wendung besteht allerdings darin, dass nach Lorenzer auch die Sprache – Worte,

21 Lorenzer denkt hierbei nicht an alle unbewussten Anteile, sondern an die von ihm sogenannten »sinnlich-symbolischen Interaktionsformen«, d.h. jene Interaktionsformen, die im Sozialisationsprozess keinen sprachlich-diskursiven Ausdruck gefunden haben, aber eben auch nicht desymbolisiert oder nicht-symbolisiert sind, wie die bestimmten Interaktionsformen.

Sätze, Texte – eine präsentative Qualität haben kann: Eine präsentative Sprache kann jenseits der Intention der Sprecher_in unbewusst etwas ausdrücken, das eigentlich nicht gesagt werden kann: Für die tiefenhermeneutische Kulturanalyse ist von »besonderer Wichtigkeit, daß die Sprache unter bestimmten Bedingungen ihre Diskursivität soweit relativieren, ja abstreifen kann, daß sie – etwa in der Poesie – sich in ein präsentatives Symbolsystem verwandelt: in der atmosphärischen Genauigkeit eines Gedichtes, im unwiederholbar konkreten Ausmalen einer Szene, in einer Erzählfigur usw.« (Lorenzer 2002, S. 76).

Die Sprache eines literarischen Textes, einer Erzählung oder eines Gedichtes, die Sprache von Märchen und Mythen ist nicht rational und klar erläuternd. Sie ist poetisch und malerisch, sie ist bildhaft und metaphernreich, sie ist sinnlich und atmosphärisch. Aufgrund dieser präsentativen Qualität der Sprache entfalten literarische Texte eine besondere Wirkung in der Leser_in. Eine präsentative Sprache führt dazu, dass sie leichter Gefühle und Bilder zu den Figuren und Handlungen des Textes entwickelt. Daher sind Leseerlebnisse mitunter tief berührend: Wer einen literarischen Text liest, freut und verliebt sich vielleicht, leidet oder bricht in Tränen aus oder bekommt Angst. Das aber bedeutet, dass die Subjektivität der Leser_in – ihre Wünsche, ihre Gefühle, ihre Einbildungskraft –, die Textwirkung mitproduziert.

5.4 So etwas wie einen Text gibt es nicht: Die Leserin produziert die Textwirkung mit

Da die Leser_in dem Text Wünsche, Gefühle oder Bilder zuschreibt, ist sie aktiv an der Herstellung der Wirkung beteiligt, die ein Text entfaltet. So etwas wie einen Text, könnte man daher in freier Anlehnung an eine Formulierung Winnicotts[22] sagen, gibt es nicht. Denn wo es Texte gibt, gibt es immer auch

22 Gemeint ist der Ausspruch ›So etwas wie ein Baby gibt es nicht!‹ Winnicott selbst erläutert diese Formulierung folgendermaßen: »I once said: ›There is no such thing as an infant‹, meaning, of course, that whenever one finds an infant one finds maternal care, and without maternal care there would be no infant« (Winnicott 1960, S. 587).

Leser_innen: »Jedes Werk bildet ein in sich geschlossenes […] Sinngefüge, wobei das vorgeführte Symbol – ein Bild, eine Szene, ein Musik-Stück usw. nicht nur zur »Gestalt« […] abgerundet sein müssen, sondern auch »gestaltet« sein müssen mit den Mitteln der Erfahrung derer, denen eine Mitteilung gemacht werden soll: der Leser also« (Lorenzer 1982, S. 174). Lorenzer ist nun sehr bemüht darum, theoretisch und methodologisch exakt zu bestimmen, wie die Leser_in die Textwirkung mitgestaltet.

Kulturprodukte befinden sich *außerhalb* der Person. Ein Gemälde hängt an der Wand, eine Skulptur steht im Museum und ein Buch mit Erzählungen befindet sich in den Händen der Lesenden. Was aber stellen diese Kulturprodukte für die Rezipient_in dar? Welche Themen behandeln Kulturprodukte und warum sprechen sie die Rezipient_innen überhaupt an? Nach Lorenzer sind etwa die »Bilder eines Gedichtes […] nicht Abbildungen von Gegenständen […], sondern sind malerisch oder poetisch gefasste Formeln menschlicher Szenen, d.h. es sind *Lebensentwürfe* im Umgang des Menschen mit der Welt seiner Mitmenschen und der Gegenstände« (ebd., S. 169). So behandelt ein literarischer Text die Art und Weise, wie Menschen zusammenleben, d.h., wie sie Beziehungen lebenspraktisch gestalten und miteinander interagieren. Entscheidend für die tiefenhermeneutische Kulturanalyse ist, dass Literatur diese Praxis nicht als individuelles Phänomen behandelt, sondern als ein Phänomen, das viele Menschen betrifft. Wäre dies nicht der Fall, würden Bücher schlicht nicht oder kaum gekauft und gelesen. Ein literarischer Text berührt die Lebens- und Interaktionspraxis der Leser_in vielmehr, weil er von einer überindividuellen, gesellschaftlich bedeutsamen Lebenspraxis erzählt, an der auch die Leser_in Anteil hat. Das heißt aber nicht, dass die in einem literarischen Text präsentativ dargestellte Lebens- und Interaktionspraxis der Leser_in äußerlich ist. Lorenzer zeigt in seiner Sozialisationstheorie (vgl. oben), dass sich diese Praxis im Verlaufe der Persönlichkeitsentwicklung individuell gebrochen in ihr Inneres bewusst und unbewusst einschreibt (Lorenzer nennt diese psychischen Repräsentanzen von Erfahrungen und Erwartungen bestimmte, sinnlich-symbolische und sprachsymbolische Interaktionsformen).

Diese »inneren« Repräsentanzen der Leserin – also Gefühle, Wünsche und Vorstellungen – werden nach Lorenzer nun von einem literarischen Text objektiviert, weil er die verinnerlichte Interaktionspraxis vieler Menschen sprachlich – diskursiv *und* präsentativ – darstellt: »Der Text muss verstanden werden als Erscheinung einer ›Struktur von Interaktionsformen‹«, die präsentativ vorgeführt und damit Teil eines gesellschaftlichen Diskurses werden (Lorenzer 1981a, S. 36). Ein literarischer Text präsentiert der Leser_in also gesellschaftliche Szenen, Bilder und Figuren, die ihre verinnerlichte Lebens- und Interaktionspraxis betrifft und berührt. Zwischen beiden kann die Leser_in während des Lesens eine psychische Verbindung herstellen.

Es ist eine Grundannahme der Psychoanalyse, dass Gefühle und Phantasien, Vorstellungen und Wünsche von Menschen unbewusst sind, weil sie an traumatische Erfahrungen rühren, weil sie ängstigend oder schmerzhaft, schambehaftet oder schuldvoll, sozial verpönt und so gesellschaftlich inakzeptabel sind wie die ödipalen Wünsche. Sie sind dann nach Einschätzung von Lorenzer unsagbar und daher in diskursiver Sprache nicht mitteilbar. Aber Menschen können sie in Form von *präsentativer* Sprache ausdrücken. Das, wovon man nicht sprechen kann, davon muss man also in den Augen Lorenzers nicht schweigen, sondern davon können Menschen (präsentativ) erzählen – ohne dies freilich zu wissen. Denn das Erzählen gibt präsentativ mehr von der Sprecher_in – vor allem von ihrem Unbewussten – preis, als ihr bewusst ist. Die Besonderheit der präsentativen Symbole liegt eben darin, dass sie den Emotionen und dem Unbewussten näher stehen als ein nüchternes diskursives Sprechen. Das, was während der Sozialisation eines Menschen unbewusst gemacht wird oder unbewusst bleibt, also das, was unsagbar ist, kann mittels präsentativer Symbolik doch ausgedrückt werden. Dies gilt nun aber nicht nur für das Sprechen, sondern auch für das Lesen: Durch das Ausmalen von Szenen und Figuren, durch Metaphern und durch die von ihm geschaffenen Atmosphäre wirkt ein literarischer Text als ein präsentatives Symbolsystem, das das Unbewusste der Leser_in ansprechen kann. Denn durch das Lesen, gerade auch durch das laute Lesen, wie es etwa in tiefenhermeneutischen Forschungswerkstätten praktiziert wird, berührt die präsentative Symbolwelt des Textes die Rezipienten, wirkt auf deren Unbewusstes und provoziert das Wiederauftauchen von bislang nicht bewusst Zugelassenem ins Denken und Fühlen. So kann durch das affektive Interagieren mit dem Text in Form des Lesens »die basale Schicht der Persönlichkeit unmittelbar« zugänglich werden, welche »die Grundstruktur der Persönlichkeit« bildet (Lorenzer 2006, S. 197). Lorenzer formuliert dies in seiner Terminologie folgendermaßen: Die »präsentativen Symbole als *objektive* Phänomene beziehen sich auf die sinnlich-unmittelbaren symbolischen Interaktionsformen als Elemente der Persönlichkeitsstruktur. Die sinnlich-unmittelbaren Interaktionsformen enthalten aber unbewusst einsozialisierte Praxisfiguren« (Lorenzer 1982, S. 174).

Festhalten lässt sich Folgendes: Das Interagieren der Lesenden mit dem Text, für das sich die Tiefenhermeneutik besonders interessiert, findet dort statt, wo sich während des Lesens eine tendenziell sprachlose Beziehung zwischen der präsentativen Symbolik eines Textes »draußen« und den unbewussten sinnlich-symbolischen Interaktionsformen der Leser_in »drinnen« entwickelt.

Diese Interaktion bzw. das Phänomen, dass sich Unbewusstes zwar nicht sagen aber doch präsentativ in Sprache ausdrücken lässt, hat für Lorenzer einen politischen Gehalt.

5.5 Kulturprodukte als Sozialisationsagenturen für Erwachsene

Vor dem Hintergrund der psychoanalytischen Kulturtheorie Freuds und seiner Sozialisationstheorie geht Lorenzer davon aus, dass das Unbewusste *gesellschaftlich* produziert ist: »Das Unbewusste ist das Verbotene. Es sind Wünsche, die der allgemeine Konsens verpönte; sie widersprechen den Normen und Werten der Kultur. Vor allem widersprechen sie denjenigen Normen und Werten, die das Individuum sich aufzwängen ließ« (Lorenzer 1986, S. 27). Unbewusstes wird nicht in Sprache aufgenommen, weil »es dem in Sprache enthaltenen und von der Sprache dargestellten System der sozialen Normen widerspricht« (Lorenzer 1982, S. 169). Man kann nicht deutlich genug sagen, dass Lorenzer mit der tiefenhermmeneutischen Kulturanalyse nicht das individuelle Unbewusste, sondern die *gesellschaftliche Produktion* von Unbewusstheit fokussiert, die alle Individuen betrifft, wenn auch in unterschiedlichen subjektiven Brechungen.

Die Tiefenhermeneutik interessiert sich nicht dafür, ob und wie die präsentative Sprache einer Erzählung oder eines Romans das persönliche Unbewusste der Rezipient_innen erreicht. Ihr Erkenntnisinteresse richtet sich vielmehr auf jene Interaktionsformen und Praxisfiguren, die unbewusst – sprachlos – geblieben sind oder gemacht wurden, weil sie mit den herrschenden sozialen Normen und kulturellen Werten nicht zu vereinen sind (vgl. Kapitel oben). Ein literarischer Text kreist in tiefenhermeneutischer Perspektive daher »um jene Unerträglichkeiten, die von den versteinerten Verhältnissen *allen* auferlegt wurden« (Lorenzer 1986, S. 65; Herv. JL). Literarische Texte objektivieren also *gesellschaftlich* problematische Lebensentwürfe und sind daher »Teil eines historischen Kulturzusammenhangs« (Lorenzer 1980, S. 25). Die Textwirkung unterläuft dabei allgemeingültige soziale Normen und kulturelle Werte, die viele Subjekte in Form zensierender Instanzen wie dem Über-Ich verinnerlicht haben. Literatur setzt demnach sinnlich-präsentativ genau an dem Punkt an, wo Individuum und Gesellschaft in der Person vermittelt sind: an der »Spannung zwischen ›Wünschen‹ und ›Normen‹, zwischen individueller Selbstverwirklichung und Einbindung ins Kollektiv« (Lorenzer 1984a, S. 223).

Damit aber weist Lorenzer nicht nur Kulturprodukten, sondern den Dichter_innen und Künstler_innen eine erhebliche (normative) politische Bedeutung zu:

> »Der Dichter bzw. Künstler muß […] dem Unbewussten einen unübersehbaren Platz schaffen, indem er das vom allgemeinen Bewusstsein Verworfene, Ausgeschlossene oder doch Unbeachtete zu jenen sichtbare, hörbaren, greifbaren Gebilden [dem literarischen Text bzw. den Kulturprodukten; J.L.] gestaltet, an denen sich die Imagination der anderen entzünden kann. Das Unsagbare muss in eine Mitteilungsform eingebunden werden, die stummgewordene oder unerlöste Empfindungen *spürbar* macht« (Lorenzer 1986, S. 24f., Herv. JL).

Lorenzer meint also, dass literarische Texte unbewusste psychosoziale Verhaltensmuster, Formen des zwischenmenschlichen

Interagierens und der Auseinandersetzung mit der gesellschaftlichen Realität präsentativ in den gesellschaftlichen Diskurs eintragen und so einer allgemeineren Auseinandersetzung zugänglich machen können. Damit aber ist für Lorenzer das Verhältnis von Individuum und Gesellschaft nicht vollständig abgeschlossen oder hermetisch total abgedichtet. »Sprache und d.h. vor allem Texte bieten einen Freiheitsspalt« (Lorenzer 1981b, S. 170).

Lorenzer geht davon aus, dass Kulturprodukte in ihrer Wirkung auf die Lesenden die gesellschaftliche Produktion von Unbewusstheit unterlaufen, weil sie sozial verpönte Wünsche und Bedürfnisse, Vorstellungen und Phantasien psychisch neu verfügbar machen und damit eine gesellschaftliche Auseinandersetzung mit ihnen anstoßen. Darin liegt für Lorenzer eine gute und eine schlechte Möglichkeit verborgen: Texte sind für ihn »Zwischenstationen der Äußerung sozial unterdrückter Praxisentwürfe – oder Bollwerke wider sie« (Lorenzer 1986, S. 85).

Die schlechte Möglichkeit besteht darin, dass die Text-Leser_in-Interaktion die gesellschaftliche Produktion von Unbewusstheit regressiv verstärken kann. Nicht eine psychische und soziale Veränderung wird dann angestoßen, sondern eine Festigung der bestehenden Lebenspraxis gefördert. Im guten Falle allerdings werden »unbewusste Praxisfiguren über die Ebene der Bilder zu Anstößen der Veränderung des sozialen Konsens« (Lorenzer 1982, S. 170). Sozial verpönte und daher unbewusst gemachte Interaktionspraxis wird im Text als einem greifbaren Symbol organisiert und in der Leser_in evoziert. An diesen Gedanken knüpft Lorenzer die gesellschaftliche und die politische Bedeutung von Kultur und Kulturproduktion: Sie besteht darin, dass Kulturprodukte Unbewusstes »in sinnlich-unmittelbare Symbole überführen, um so neue Lebensentwürfe in der sinnlichen Erfahrung zur Debatte zu stellen« (Lorenzer 1986, S. 60).

Literarische Texte sind daher Sozialisationsagenturen: Die Rezeption von Kulturprodukten kann das Wünschen und Fühlen, das Handeln und Denken von erwachsenen Menschen verändern. Die Persönlichkeitsstruktur »wird in den Sozialisationsagenturen nicht nur hergestellt, sondern auch umgebaut. […] Solchem Umbau (als Veränderung oder Fixierung) dienen Texte, sofern in ihnen Interaktionsformen zur Debatte gestellt werden« (Lorenzer 1981b, S. 43). Im Unterschied zur klinischen

Psychoanalyse geht es der tiefenhermeneutischen Kulturanalyse daher nicht um eine Auseinandersetzung mit der individuellen Biographie der Autor_in oder der Leser_in oder gar um eine Interaktion beider. Das, was in der psychoanalytischen Therapie zentrale Absicht ist, die Einsicht in die infantile Vorgeschichte von Interaktionsmustern, verliert in der tiefenhermeneutischen Kulturanalyse ihren Sinn. Zwar geht es in beiden Fällen um einen psychischen Konflikt zwischen unbewussten Wünschen und verinnerlichten gesellschaftlichen Normen und Werten. In der Therapie steht aber die individuelle Entwicklung dieses Konfliktes im Mittelpunkt: »Wie ist dieser Konflikt für dieses Individuum entstanden?« (Lorenzer 1986, S. 67). Kulturanalytisch hingegen interessiert die Frage »Was ist das für ein Konflikt?« (ebd.) und – so ist zu ergänzen – was ist sein historischer und kultureller Kontext, was seine gesellschaftliche Funktion? Diese Frage und nicht ihre biographistische Verkürzung in konkreten Analysen von Kulturprodukten zu untersuchen, ist das sozialpsychologische Hauptanliegen der Tiefenhermeneutik.

Kulturprodukte stellen somit einen möglichen »politische[n] Eingriff« in die Erwachsenenpersönlichkeit dar (Lorenzer 1984a, S. 225). Mit diesem »politisch-psychologische[n] Gewicht der Literatur« (ebd., S. 226) bzw. mit Sozialisationsprozessen im Erwachsenenalter hat sich die Psychoanalyse nach Lorenzer wenig beschäftigt. Auch wenn dies nicht ganz zutrifft – denkt man an Freuds Massenpsychologie oder die kleinianischen Arbeiten zur Angstabwehrfunktion sozialer Systeme – ist jedoch richtig, dass sie lange Zeit keine Methode hatte, um die psychosoziale Wirkung von Kulturprodukten empirisch zu untersuchen: Dies ist »Aufgabe einer Hermeneutik […], die sich kritisch gegen die ›versteinerten Verhältnisse‹ stellt« (Lorenzer 1986, S. 28). Diese Hermeneutik beansprucht die tiefenhermeneutischen Kulturanalyse zu sein, die Lorenzer in Ansätzen entwickelt hat. Mit der (Weiter-)Entwicklung der tiefenhermeneutischen Kulturanalyse liegt eine Forschungsmethode der psychoanalytischen Sozialpsychologie vor, mit der sich medial vermittelte Sozialisationsprozesse und massenpsychologische Phänomene empirisch untersuchen und auf dieser Basis subjekt-, kultur- und gesellschaftstheoretisch einordnen lassen.

Festhalten lässt sich, dass der Untersuchungsgegenstand der Tiefenhermeneutik die Interaktion von Leser_innen mit Kulturprodukten aller Art ist. Ihr Erkenntnisgegenstand hingegen ist vor allem der sogenannte latente Sinngehalt, der sprachlos in einem Text verborgen ist.

5.6 Ein Text ist auf zwei Weisen sinnvoll: Manifest und latent

Lorenzer geht davon aus, dass Texte doppelbödig sind (vgl. König 2019b). Texte lassen sich auf zwei Weisen verstehen, haben also zwei Bedeutungen oder Sinnschichten: eine manifeste und eine latente. Im Anschluss an die gesellschafts- und kulturkritische Perspektive seiner Sozialisationstheorie versteht Lorenzer unter dem Begriff »latent« nicht einfach nur die Bedeutungen, die sich im Text verbergen. Das Latente ist die gesellschaftlich »nicht anerkannte, nicht konsens- und deshalb auch nicht bewusstseinsfähige« Bedeutung eines Textes (Lorenzer 2006, S. 190). Der manifeste Sinn hingegen ist »die sozial zugelassene Bedeutung des Textes, wobei der Konsens sich aufs herrschende Normensystem einer ganzen Gesellschaft oder aber nur auf das einer kleinen Gruppe beziehen kann« (ebd.). Das Verhältnis von manifester und latenter Sinnschicht eines Textes ist daher gesellschaftlich produziert. Es ist nicht primär von der Autor_in oder der Leser_in geschaffen, sondern Ausdruck der allgemeinen Struktur des Verhältnisses von Individuum und Gesellschaft, in dem beide – Autor_in wie Leser_in – sozialisiert sind, sich bewegen und leben (müssen). Die Tiefenhermeneutik untersucht anhand der Analyse von Textwirkungen die Spannung von manifestem und latentem Sinn und vermittelt über diese Untersuchung das Verhältnis von Individuum und Gesellschaft.[23]

23 Diese sozialpsychologische Erkenntnisinteresse hat Oevermann in seiner Kritik der Tiefenhermeneutik nicht genügend im Blick. So problematisiert er das Verhältnis von Autor_in und Leser_in, dass ihm widersprüchlich und doppeldeutig erscheint. Es geht aber der Tiefenhermeneutik in ihrem Erkenntnisinteresse weder um die Autor_in noch um die Leser_in, sondern um die sozialisierende Wirkung von

Während die Autor_in also für die tiefenhermeneutische Analyse tatsächlich vollkommen irrelevant ist, ist die Subjektivität der Leser_in methodisch das zentrale Erkenntnisinstrument. Was lässt sich nun aber über das Verhältnis von manifestem und latentem Sinn sagen?

Der manifeste Sinn eines Textes ist diskursiv verfasst und kann daher von der Leser_in durch eine genau Lektüre vergleichsweise leicht erkannt werden, während der latente Sinn verborgen ist. Er teilt sich präsentativ mit, beispielsweise über die Atmosphäre, die er erzeugt, über Bilder und Emotionen, die er in der Leser_in hervorruft. *Ein* Text ist also auf *zwei* Weisen *sinn*-voll, es gibt zwei eigenständige Sinnschichten, denen sich das Verstehen des Lesers zuwenden kann. Beide Sinnschichten stehen allerdings in einem spannungsreichen Verhältnis zueinander, d.h. sie verweisen aufeinander: Der »latente Sinn eines Textes ist ja nicht der ›Tiefensinn‹ des manifesten« (Lorenzer 1986, S. 32).

Lorenzer stellt sich diese Beziehung von manifester und latenter Sinnschicht nach der Analogie eines Vexierbildes vor.

Abb.1; Quelle: https://www.sehtestbilder.de/optische-taeuschun gen-illusionen/images/illusion-alte-oder-junge-frau-sehtest.jpg

---

Kulturprodukten und die sozialpsychologischen Erkenntnischancen, die ihre Untersuchung bietet.

Vexierbilder sind Zeichnungen oder Gemälde, die zwei unterschiedliche Bilder enthalten, von denen eines jedoch auf den ersten Blick meist nicht erkennbar ist. In Abbildung 1 sind das Bild einer alten und das einer jungen Frau enthalten. Auch wenn beide Bilder für sich stehen, sind sie doch Teil eines Gesamtwerkes: das eine existiert nicht ohne das andere – beide sind ineinander verwoben und doch eigenständig. Lorenzer betont dementsprechend, dass an dem Verhältnis von manifester und latenter Sinnschicht »die Gegensätzlichkeit und Eigensinnigkeit [...] entscheidend« ist (ebd, S. 32).

Bedeutsam ist dies vor allem in methodischer Hinsicht. Denn der latente Sinn ist *sprachlos* und bleibt daher »stumm [...] ohne die Spannung zum manifesten Textsinn« (ebd., S. 34). Bezogen auf die Analogie des Vexierbildes heißt dies beispielsweise, dass ohne das Bild der alten Frau auch das der jungen Frau nicht gesehen werden könnte. Die Analogie des Vexierbildes findet freilich dort eine Grenze, wo es um das Medium der Darstellung geht: Der manifeste Sinn eines Textes ist sprachlich verfasst, während der latente zwar ebenfalls an Sprache gebunden, jedoch etwas Nichtsprachliches, Unsagbares ausdrückt: Texte enthalten einen »›Doppelsinn‹, der nun nicht bloß eine im ›manifesten Textsinn‹ mitschwingende Hintergründigkeit [...] andeutet, sondern eine zweite, offensichtlich *nicht mitteilbare* Mitteilung als unabhängig-eigenen und im Textgeflecht an mehr als einem Punkt aufscheinenden Sinn darbietet« (Lorenzer 1986, S. 33). Die sprachlose latente Bedeutung eines Textes scheint in der Sprache auf und lässt sich nicht jenseits der sprachlichen Form der manifesten Sinnschicht verstehen. Was dies im Einzelnen heißt, soll nun an einem Beispiel dargestellt werden.

Das spannungsvolle Verhältnis von manifestem und latentem Sinn lässt sich illustrieren an einer Fehlleistung: So schildert Freud (1901, S. 92) folgenden Trinkspruch: »Lassen Sie uns auf das Wohl unseres Chefs aufstoßen!«, den ein Mann anstelle des Satzes ›Lassen Sie uns auf das Wohl unseres Chefs anstoßen!‹ ausspricht. Die bewusste Absicht, im Kolleg_innenkreis freundlich und höflich auf den Chef anzustoßen (manifester Sinn), wird durchkreuzt von einer unbewussten Absicht, die dem manifesten Sinn zuwider läuft. Möglicherweise hat der Mitarbeiter, so überlegt König (2006, S. 17f.), einen unbewussten Autoritätskonflikt mit seinem Vater auf den Chef übertragen und agiert diesen aus (latenter Sinn). Andererseits, so König weiter, könnte die Fehlleistung auch einen in der gesamten Organisation verpönten Affekt, wie Wut oder Ärger über einen Chef zum Ausdruck bringen, der Kritik nicht duldet (latenter Sinn).

5.7 Wie geht's? Tiefenhermeneutische Kulturanalyse in der Forschungspraxis

Um die latente Textgehalt zu erkennen, stellt die Tiefenhermeneutik unter methodischen Gesichtspunkten folgende Frage, die *gleichzeitig* ihr kulturanalytisches Erkenntnisinteresse und ihr methodisches Vorgehen beschreibt: »Was macht der Text offenkundigerweise *und* verschwiegenermaßen mit dem Leser?« (Lorenzer 2006, S. 175). Wie schon ausgeführt wurde, interpretieren die Forscher_innen nicht nur den manifesten Sinn des Textes, sondern beziehen auch ihre Leseerfahrungen in das Interpretieren ein. Vermittelt über die Leseerfahrung erschließen sie die latente Sinnschicht des Textes.

5.7.1 Zum Beispiel die tiefenhermeneutische Literaturinterpretation

Wenn im Folgenden das Beispiel einer tiefenhermeneutischen Literaturinterpretation[24] vorgestellt wird, dass Achim Würker und eben nicht Alfred Lorenzer vorgelegt hat, geschieht dies aus folgendem Grund: Lorenzer selbst hat zwar eine ganze Reihe von literarischen Texten interpretiert, jedoch seine Forschungspraxis nicht in konkreten Einzelschritten dargelegt (vgl. 1981b, S. 173, S. 180). Bemerkenswert ist hierbei, dass er die Selbst-

24 Wer sich dafür interessiert, wie sich eine tiefenhermeneutische Gruppeninterpretation entfaltet, bevor auf ihrer Grundlage eine tiefenhermeneutische Textinterpretation entwickelt wird, welche die Bedeutung des Textes in der Spannung zwischen einem manifesten und einem latenten Sinn entfaltet, sei auf Hans-Dieter Königs (2019a, 38ff) Rekonstruktion des Gedichtes von Rilke »Der Panther« verwiesen, die auf einer in der Forschungswerkstatt Tiefenhermeneutik zustande gekommenen Gruppendiskussion basiert.

analyse seines Texterlebens nicht offenlegt. Eine bewusste Reflexion des eigenen Texterlebens und eine Entfaltung der darauf aufbauenden Interpretation ist für eine intersubjektive Überprüfbarkeit von tiefenhermeneutischen Analysen unerlässlich und daher wissenschaftlich erforderlich. Ein Teil der Einwände, die Oevermann (1993, S. 106) gegen die Tiefenhermeneutik erhoben hat, speisen sich möglicherweise daraus, dass die konkreten Analysen von Lorenzer intersubjektiv zu wenig überprüfbar dargelegt wurden. Ähnliches kritisiert auch Klauß: »Problematisch an Lorenzers Methode ist insbesondere die *Absicherung der Interpretation«* (Klauß 1991, S. 120).

Würker zeigt dezidiert, wie ein Text tiefenhermeneutisch interpretiert wird. Er interpretiert die folgende Szene aus der Autobiographie Elias Cannettis:

> »Es [das Geschäft des Großvaters, A.W.] lag an einer steilen Straße, die von der Höhe der reicheren Viertel Rustschuks stracks zum Hafen hinabführte. An dieser Straße lagen alle die größeren Geschäfte; das des Großvaters befand sich in einem dreistöckigen Haus, das mir stattlich und hoch erschien, Wohnhäuser auf dem Hügel waren einstöckig. Man verkaufte darin Kolonialwaren en gros, es war ein geräumiger Laden, in dem es wunderbar roch. Auf dem Boden standen große, offene Säcke mit verschiedenen Getreidesorten, es gab Säcke mit Hirse, mit Gerste und solche mit Reis. Ich durfte, wenn meine Hände sauber waren, hineingreifen und die Körner fühlen. Das war ein angenehmes Gefühl, ich füllte die Hand mit Körnern, hob sie hoch, roch daran und ließ die Körner langsam wieder herunterrinnen; das tat ich oft, und obwohl es viele andere merkwürdige Dinge im Laden gab, tat ich das am liebsten und war schwer von den Säcken wegzubringen. Es gab Tee und Kaffee und besonders Schokolade. Alles fand sich in großen Mengen und schön verpackt, es wurde nicht einzeln verkauft wie in gewöhnlichen Läden, die offenen Säcke am Boden gefielen mir auch darum besonders, weil sie nicht zu hoch für mich waren und ich beim Hineingreifen die vielen Körner, auf die es ankam, fühlen konnte« (Würker 1987, S. 305).

5.7.2 Die Tiefenhermeneutik wendet sich Szenen zu, die die Leser_in irritieren

Würker schildert in seiner Interpretation zunächst eine *Irritation*, die ihn gerade zu dieser Szene führt. Sie fällt ihm deshalb besonders auf, weil sie in einem ungewöhnlichen Kontrast zu jenen Textpassagen steht, die Cannetti vorher in seiner Autobiographie beschreibt. Diese Passagen schildern bedrohliche Situationen, während die zitierte Szene geradezu harmonisch wirkt. Es ist dieser Wechsel von Bedrohung zu Harmonie, der Würker veranlasst, sich der zitierten Szene näher zuzuwenden. Zudem reagiert er mit der Auswahl dieser Szene auf einen Impuls, den sie in ihm ausgelöst hat: Würker teilt emotional die Faszination des Kindes im großväterlichen Laden, versteht aber nicht, worin die Faszination eigentlich genau besteht.

In der Tat wendet sich die tiefenhermeneutische Interpretation gerade irritierenden Szenen zu. Diese subjektiven Reaktionen der Leser_in werden tiefenhermeneutisch als eine Art Wegweiser verstanden, der über die manifeste Textebene hinaus auf die latente Sinnebene verweist (vgl. Lorenzer 2006, S. 180) und die Interpretation zu ihre hinführt. Irritierende Passagen werden allerdings nach Lorenzer nicht primär durch eine exakte Lektüre gefunden (vgl. dazu Klein 2013). Die Leser_in wird auf sie aufmerksam, indem sie wie die im klinischen Setting operierende Analytiker_in eine Haltung gleichschwebender Aufmerksamkeit einnimmt und sich von eigenen Emotionen und leiblichen Impulsen zu bestimmten Passagen und Szenen hinführen lässt, die anschließend interpretiert werden.

Wie geht Würker also mit der ihn irritierenden Passage um?

5.7.3 Szenische Anteilnahme der Leser_in am Text

Würker wendet sich vor allem der Passage zu, in der das Kind seine Hand in den Sack mit Körnern steckt. Er beschreibt, wie er an der literarischen Szene emotional und leiblich teilnimmt:

> »Elias Bewegungen sind nicht hektisch, langsam nimmt er die Körner aus den Säcken, führt die Hand zur Nase, um zu riechen, und ebenso langsam läßt er die Körner wieder durch die Finger in den Sack zurückrinnen. Ich aktualisiere den Geruch, spüre die Körner, deren glatte Oberfläche, ihre angenehme Wärme, die sich meiner Hauttemperatur anpasst, ihr Gewicht, das mich sie spüren lässt, ohne dass sie schwer wären« (Würker 1987, S. 306).

Diese Anteilnahme an der Szene des Textes ebenso wie das Bemühen der Leser_in, sie im eigenen Empfinden lebendig werden zu lassen, ist die Bedingung des szenischen Verstehens in Kulturanalysen: Es geht daher um ein offenes »Sich-Einlassen auf die Wirkung dessen, was man verstehen möchte« (Lorenzer 1986, S. 77). Bei einer tiefenhermeneutischen Kulturanalyse versucht die Leser_in, sich die im Text entfaltete Szene sinnlich vor ihr inneres Auge zu führen. Weil Würker sich darum bemüht, fällt ihm ein eigener Impuls auf, den die Szene in ihm auslöst: Während das Kind im Text an den Körnern lediglich riecht, verspürt er den körperlichen Impuls, sie auch in den Mund zu nehmen, sie zu zerkauen und zu schmecken. Er weiß, dass Kinder viele Dinge in den Mund stecken. Diese *Vorannahme* trägt er an den Text heran. Der Text weist sie jedoch zurück: Entgegen seiner Vorannahme, nimmt das Kind die Körner nicht in den Mund.

5.7.4 Eigene Vorannahmen an den Text herantragen

In der Bedeutung, die die Tiefenhermeneutik den Vorannahmen der Interpret_innen zuspricht, steht sie dem »alltagspraktischen Verstehen« nahe. »Auch da versteht man den Sinn einer beobachteten Handlung, einer Mitteilung, eines Textes, indem man ein passendes Muster an das anlegt, was man verstehen möchte« (Lorenzer 1986, S. 63). Diese Muster oder Vorannahmen sind allerdings hochspezifisch, sie hängen von der eigenen Sozialisation und der aktuellen Lebenssituation der Interpret_in ab. Ein älterer weißer Mann mit bildungsbürgerlichem Hintergrund und einer Poetik-Professur trägt möglicherweise andere Vorannahmen an einen Text heran als eine junge Frau aus dem Arbeiter_innenmillieu mit Migrationshintergrund oder als ein junger arbeitsloser Mann, der gerade Vater geworden ist. Wie gesellschaftlich oder historisch fremd darf das Feld sein, aus dem das Kulturprodukt stammt, das tiefenhermeneutisch verstanden werden soll? Generell postuliert Lorenzer, dass die eigenen Vorannahmen immer auf ihre Kulturspezifik reflektiert werden müssen. Sie müssen »gelenkig gemacht, mobilisiert werden im Hinblick auf andere Kulturbilder, auf jenes Kulturpanorama, aus dem die Texte jeweils stammen« (Lorenzer 1986, S. 68). Ohne diese Reflexion bliebe unklar, ob die Irritationen und emotionalen Impulse, mit denen die Leser_in auf den Text reagiert, primär der eigenen Sozialisation entstammen oder durch den Text ausgelöst werden.

Würkers Vorannahme lautet, wie gesagt, dass Kinder viele Dinge in den Mund stecken. Diese Vorannahme wird von dem Text abgewiesen (was ebenfalls einen guten Teil von Würkers Irritation ausmacht): Entgegen Würkers Vorannahme steckt sich das Kind die Körner nicht in den Mund. Das Nachdenken über diesen Bruch verändert Würkers Lesart des Textes; er nimmt den Text nun anders wahr:

> »Plötzlich kommt mir Elias Verhalten recht distanziert vor, die Geste mit der er die Körner zur Nase führt, nie aber ein Korn ißt und schmeckt, erscheint mir so zurückgenommen und diszipliniert, daß ich eher an eine fachmännische Prüfung denke, als wirklich an ein kindliches Spiel« (Würker 1987, S. 306).

Würker reflektiert also das gebrochene Verhältnis seiner Vorannahme zu dem Text und entwickelt aus dieser Reflexion einen Interpretationsansatz: Wirkt das Verhalten des Kindes auf Würker zunächst spielerisch, faszinierend und unmittelbar nachvollziehbar, entwickelt er über die Reflexion seiner Irritation sukzessive eine Lesart, die die Distanziertheit, Diszipliniertheit und den Prüfungscharakter des kindlichen Verhaltens betont. Vor diesem Hintergrund sticht Würker eine weitere Formulierung ins Auge »*Ich durfte, wenn meine Hände sauber waren*, hineingreifen…«. Hier deutet sich nicht nur eine Erlaubnis des Kindes an, sondern auch die Bedingung dieser Erlaubnis: Das Kind muss saubere Hände haben, wenn es die Körner auf der Hand spüren möchte. Vorstellbar wird so ein Verbot, dass sich an schmutzige Kinderhände heftet. Die Körner, in die das Kind seine Hand steckt, dürfen nicht schmutzig werden und dies scheint auch umgekehrt zu gelten: »die Körner funktionieren wie eine Flüssigkeit oder ein Brei, ohne dass der Berührende aber naß oder eben *schmutzig* werde« (Würker 1987, S. 306).

5.7.5 Szenisches Interpretieren: Begrenzung der sinnlichen Anteilnahme am Text

Würker zeigt also, dass er sich als Leser dem Text sinnlich annähert und diese Sinnlichkeit von dem Text begrenzt wird. Diese Begrenzung findet erstens dort statt, wo der Text in Würker den leiblichen Impuls evoziert, die Körner in den Mund zu nehmen, sie zu zermahlen und zu schmecken oder – zweitens – dort, wo es um Schmutz und Sauberkeit geht. Die Reflexion der Begrenzung der eigenen Anteilnahme am Text mündet in eine szenische Interpretation: Es ist »nicht die spontane Lust eines Knaben [...], die sich im Spiel mit den Körnern verwirklicht (wie es mir anfangs vorkam).« Vielmehr zeigt der Text, »wie der sinnliche Umgang mit den Getreidekörnern diszipliniert ist, wie spezielle Sinneswahrnehmungen zugelassen sind [sauberes Fühlen der Körner, JL], andere ausgeschlossen bleiben [zerbeißen, zermahlen, schmecken, schmutzig sein; JL].« Das Kind wird »eigentlich weniger kindlich gezeigt, sondern eher großartig und erwachsen, eher stattlich« (Würker 1987, S. 307).

Der Text thematisiert auf der manifesten Bedeutungsebene ein Kind, das in dem geheimnisvollen Laden des Großvaters spielt und spielen darf. Auf der latenten Ebene wirkt das Kind jedoch »fast wie ein Lebensmittelprüfer, der ernst mit isolierter Sinneswahrnehmung kontrolliert: erst fühlt, dann riecht, dasselbe mit den nächsten Körnern, fühlen, riechen« (Würker 1987, S. 306). Deutlich werden so die beiden oben angesprochenen Sinnebenen, wobei die manifeste sich schnell erschließt (das spielenden Kind). Die latente Ebene hingegen (das Kind als disziplinierter Kontrolleur) ist zwar auch an Sprache gebunden und scheint in der Formulierung »ich durfte ...« auf. Diese Ebene wird von Würker durch eine Reflexion der eigenen Irritation und eine emotionalen Reaktion auf den Text erschlossen, die für ein szenisches Verstehen genutzt werden. Würker lässt sich sinnlich auf den Text ein und versucht ihn leiblich nachzuempfinden. Erst indem er dies tut und zum Mitspieler einer lebendigen Szenerie im Laden wird, findet er einen Zugang zu der latenten Sinnschicht. Erinnert sei daran, dass Würker die interpretierte Szene auch deshalb ausgewählt hat, weil sie sich von den vorangehenden und nachfolgenden *bedrohlichen* Passagen durch ihre (scheinbare) *Harmlosigkeit* unterscheidet. Die tiefenhermeneutische Analyse verdeutlicht nun, dass sich auf einer latenten Sinnschicht mit der Disziplinierung der kindlichen Sinnlichkeit etwas Bedrohliches findet, das in einem spannungsvollen Verhältnis zu der Harmlosigkeit des spielenden Kindes steht.

Würker bricht seine Interpretation an dieser Stelle ab, nicht ohne auf ihre Unvollständigkeit hinzuweisen: Er zeigt, wie eine tiefenhermeneutische Interpretation praktisch vorgeht, während er eine weiterführende Analyse der gesellschaftlichen Produktion von Unbewusstheit nicht verdeutlicht oder auf die sozialisierenden Effekte des Textes nicht hinweist (vgl. hierzu Scheifele 1987). Sicherlich kann man sich als Leser_in gut vorstellen, dass die Spannung von latenter und manifester Bedeutung möglicherweise auf einen gesellschaftlichen Konflikt verweist, der um ein idealisiertes harmonisches Bild kreist, das sich Erwachsene von (ihrer) Kindheit machen und das die sozialisierende und bedrohliche Disziplinierung von Kindern in unserer Gesellschaft in der Latenz des Textes verschwinden lässt. Scheifele (1987) verdeutlicht dies in ihrer eigenen Interpretation des Textes von Canetti: Die Lesenden werden manifest vom Text angezogen und in diesen eingebunden. Sie identifizieren sich mit dem im großväterlichen Laden spielenden Kind, ohne dass die bedrohlichen Aspekte bzw. ein Unbehagen an der kulturellen und gesellschaftlichen Zurichtung der kindlichen Sinnlichkeit verspürt wird. Ausgeführt wird dies jedoch wenig; auch eine gesellschaftstheoretische Einordnung der Interpretation, an der Lorenzer den gesellschaftskritischen Anspruch der Tiefenhermeneutik festmacht, bleibt aus. Sozial- und kulturwissenschaftlich gesehen, fehlt es gerade Lorenzers *konkreten* Analysen an einer systematischen Einsicht in die psychosoziale Struktur von Individuum und Gesellschaft, die sie methodologisch versprechen. Hierbei handelt es sich allerdings nicht um ein generelles Problem der tiefenhermeneutischen Kulturanalyse, denn gerade Vertreter_innen der Lorenzer nachfolgenden Generation von Wissenschaftler_innen entwickeln die sozialwissenschaftliche Dimension der Tiefenhermeneutik weiter.

5.8 Zwischenfazit: Tiefenhermeneutik als unabgeschlossenes intergenerationelles Projekt

Lorenzer treibt durch seine Texte zur tiefenhermeneutischen Kulturanalyse eine psychoanalytische Sozialpsychologie wesentlich voran. Er arbeitet an den Grundlagen eines Transfers der psychoanalytischen Methode des szenischen Verstehens in den Bereich der Analyse von Kulturprodukten und empirischen Forschungsdaten. Damit wendet er sich gegen eine einfach Anwendung psychoanalytischer Begrifflichkeiten auf kulturelle und soziale Gegenstände. Sein Bemühen kann daher als (von ihm nicht ausgeführte) Kritik an vielen sich auf die Psychoanalyse beziehenden sozialwissenschaftlichen Ansätzen verstanden werden (von Norbert Elias bis zu Arbeiten der Kritischen Theorie). Diese verwenden zwar psychoanalytische Theorien und Begriffe, beziehen aber weder eine psychoanalytische Erkenntnishaltung noch eine psychoanalytische Methode in ihr wissenschaftliches Vorgehen systematisch ein. Lorenzer ist jedoch nicht der Einzige, der in den 1980er-Jahren über einen Methodentransfer nachdachte. Ähnliche Überlegungen finden sich zeitgleich beispielsweise bei Klaus Horn (Horn, Beier, Kraft-Krumm 1984; Wolf 1981) oder Thomas Leithäuser und Birgit Volmerg (1988). Auch Mario Erdheim (1982) kritisiert einen »reinen« Transfer psychoanalytischer Theorien in sozial- und kulturwissenschaftliche Felder, die die Spezifik der psychoanalytischen Erkenntnishaltung nicht berücksichtigt. Lorenzer selbst hat verschiedene Differenzen zwischen dem szenischen Verstehen in der klinischen Psychoanalyse und der tiefenhermeneutischen Kulturanalyse betont. So ist – um nur einige zu nennen – *erstens* im Unterschied zu der sich im therapeutischen Kontext herstellenden einmaligen Patientenerzählung der Text wiederholt lesbar und der latente Sinn ausweglos eingesperrt. Die tiefenhermeneutische Interpretation kann *zweitens*, wie Lorenzer (1986, S. 87) an einer einzigen Stelle andeutet, in Gruppen erfolgen, das Erkenntnisziel ist *drittens* nicht die infantile Bildungsgeschichte von Konflikten, sondern ihre gesellschaftliche Bedeutung, wofür *viertens* eine Einbeziehung von kritischer Gesellschaftstheorie notwendig wird. Was Lorenzer hier benennt, sind *Unterschiede* von therapeutischem Setting und Kulturanalyse (vgl. ebd., S. 84). Genau besehen nimmt Lorenzer jedoch kaum eine Veränderung der psychoanalytischen Methode selbst vor, sondern überträgt sie von einem Feld in das andere (vgl. ebd. S. 62). Der Gegenstand (geschriebene Texte statt mündlicher Erzählung) und das Setting (Interpretation in der

Gruppe statt Deutung durch eine einzelne Analytiker_in) sind verändert, der Kern der Methode ist jedoch nahezu identisch. Denn besteht nicht der Methodentransfer darin, sich dem Text ebenso wie der Erzählung der Patient_in in gleichschwebender Aufmerksamkeit anzunähern, d.h. ihn möglichst voraussetzungslos zu lesen, ohne sich etwas Bestimmtes merken zu wollen? Eigene Einfälle, Gefühle und körperliche Impulse sollen ebenso wie in der therapeutischen Arbeit zugelassen (freier Assoziation), sorgsam registriert und für eine Textinterpretation genutzt werden. Eine Differenz hinsichtlich der psychoanalytischen Methodik ergibt sich dort, wo in der Therapie die Patient_innen frei assoziieren und ihre Gedanken und Gefühle möglichst unzensiert mitteilen. Der Text hingegen kann natürlich nicht assoziieren, aber er setzt die Assoziationen der Interpret_innen frei, kann sie aber auch abweisen. Wie am Beispiel von Würkers Interpretation gezeigt wurde, entwickelt sich genau darüber der Interpretationsansatz.

> »Die Festigkeit des Textes übernimmt gegen den interpretatorischen Wildwuchs jene Absicherung, die durch den aktiven Widerpart des Analysanden in der therapeutischen Dyade gewährleistet wird. Wird die Interpretation des Therapeuten dort austariert durch das determinierende Phantasiespiel des Analysanden auf der einen und durch Offenheit »gleichschwebender Aufmerksamkeit« des Analytikers auf der anderen Seite, so wird die Fruchtbarkeit der Interpretation bei der Literaturanalyse gesichert durch das Gegenspiel zwischen dem spürbaren Widerstand des Textes und der gleichschwebenden Aufmerksamkeit des Interpreten.« (Lorenzer 2006, S. 183).

Für den Transfer der Methode bedeutet dies, dass die methodische Haltung der tiefenhermeneutisch Forschenden mit der der klinischen Analytiker_innen nahezu identisch ist: In beiden Fällen wird eine Haltung gleichschwebender Aufmerksamkeit eingenommen. Wenn diese Haltung als Kern der psychoanalytischen Methode auf Seiten der Analytiker_in gesehen wird, dann verändert Lorenzer sie während des Transfers in den Bereich der Kulturanalyse kaum.

Unbedingt zu erwähnen ist zudem, dass es beim Methodentransfer nicht, wie Oevermann (1993) unterstellt, um einen Transfer des Übertragungs-Gegenübertragungsmodells geht.

Diese Begriffe tauchen in Lorenzers Arbeiten zur tiefenhermeneutischen Kulturanalyse gar nicht auf. Lorenzer verwendet diese Begriffe auch dort nicht, wo sie sich geradezu aufzudrängen scheinen (vgl. Lorenzer 1981b, S. 34).

Ich habe bereits kritisch darauf hingewiesen, dass Lorenzer diesen Transfer nun zwar methodologisch begründet herleitet, ihn in der empirischen Praxis jedoch nicht dezidiert vorführt und den gesellschaftswissenschaftlichen Anspruch wenig einlöst. Tatsächlich waren es Wissenschaftler_innen aus der Lorenzer nachfolgenden jüngeren Generation, die ausgehend von seinen Grundideen die Tiefenhermeneutik im kultur- und sozialwissenschaftlichen Bereich wesentlich entwickelt haben. Sozialwissenschaftler wie Rolf Haubl, Hans-Dieter König, Søren Nagbøl oder Ulrike Prokop legten im Anschluss an Lorenzer mittels der Tiefenhermeneutik empirische Analysen auch von Fotos und Bildern, Werbeplakaten und Filmen, von politischen Reden und von Architektur vor (exempl. Haubl 1991, 1992, 1995; König 1992, 1998, 2006, 2008, 2019b, 2019c; Nagbøl 1986, 1987; Prokop 2008, 2009). Ab den 1980er Jahren erschienen ebenfalls Veröffentlichungen, die empirisch Forschungsdaten wie Interviews und Gruppendiskussionen tiefenhermeneutisch ausgewertet haben (vgl. Leithäuser, Volmerg, Volmerg 1983; Leithäuser, Volmerg 1988; Morgenroth 1991, 2010; Lohl, Winter 2019; König, Nittel 2016; König 2019d; vgl. zu unterschiedlichen Varianten der Tiefenhermeneutik: Haubl, Lohl 2020).

Dass die Tiefenhermeneutik heute ein regelgeleitetes Verfahren der qualitativen Sozialforschung ist, ist nicht Lorenzer, sondern vielmehr Wissenschaftler_innen wie – um nur die allerwichtigsten zu nennen – Rolf Haubl (1993, 1995, 1999), Hans-Dieter König (1993, 2000, 2001, 2019a), Thomas Leithäuser und Birgit Volmerg (1988) und Christine Morgenroth (1991, 2010) zu verdanken; auch eine internationale Rezeption ist inzwischen zu verzeichnen (Hollway & Frogett 2010, Salling Olesen 2012a & 2012b, Salling Olesen & Weber 2012c). Die Tiefenhermeneutik kann daher als ein intergenerationelles Wissenschaftsprojekt verstanden werden, das – wie jüngere Veröffentlichungen andeuten (Kerschgens 2007, König, J. 2019, Burgermeister et al. 2019, Lohl 2017, Schwarz 2010) – unabgeschlossen ist.

Literatur

Adorno, Theodor W.; Horkheimer, Max (1944): Dialektik der Aufklärung. Philosophische Fragmente, Frankfurt am Main (Fischer) 2012.

Adorno, Theodor W. (1955): Zum Verhältnis von Soziologie und Psychologie. GS VIII, Frankfurt am Main (Suhrkamp) 2003, S. 42-85.

Adorno, Theodor W. (1962): Zur Logik der Sozialwissenschaften. GS VIII, Frankfurt am Main (Suhrkamp) 2003, S. 547-565.

Adorno, Theodor W. (1966): Negative Dialektik. GS VI, Frankfurt am Main (Suhrkamp) 2003, S. 7-412.

Beres, David (1965): Symbol and object. In: Bulletin of the Menninger Clinic, Jg. 29, Heft 1, S. 3-23.

Binswanger, Ludwig (1922): Einführung in die Probleme der Allgemeinen Psychologie, Berlin/Heidelberg (Springer) 1965.

Binswanger, Ludwig (1926): Erfahren, Verstehen, Deuten in der Psychoanalyse. In: Ausgewählte Vorträge und Aufsätze. Bd. 2. Zur Problematik der psychiatrischen Forschung und zum Problem der Psychiatrie, Bern (Francke) 1955, S. 67-80.

Bosse, Hans (1994): Der fremde Mann. Angst und Verlangen. Gruppenanalytische Untersuchungen in Papua-Neuguinea, Gießen (Psychosozial) 2010.

Brunner, Markus; Burgermeister, Nicole; Lohl, Jan; Schwietring, Marc; Winter, Sebastian (2012): Psychoanalytische Sozialpsychologie im deutschsprachigen Raum. Geschichte, Themen, Perspektiven. In: Freie Assoziation, 15. Jg., Heft 3/4, S. 15-78.

Butler, Judith (1993): Körper von Gewicht. Die diskursiven Grenzen des Geschlechts, Frankfurt am Main (Suhrkamp).

Cassirer, Ernst (1944): Was ist der Mensch? Versuch einer Philosophie der menschlichen Kultur, Stuttgart (Kohlhammer) 1960.

Cassirer, Ernst (1965): Wesen und Wirkung des Symbolbegriffs, Darmstadt (Wissenschaftliche Buchgesellschaft) 1969.

Clough, Patricia T. (2010): The Affective Turn. Political Economy, Biomedia, and Bodies. In: Gregg, Melissa; Seighworth, Gregory J. (Hg.): The Affect Theory Reader, Durham/London (Duke University Press), S. 206-228.

Devereux, George (1951): Some Criteria For the Timing of Confrontations and Interpretations. In: International Journal of Psychoanalysis, Bd. 31, S. 19-24.

Dilthey, Wilhelm (1894): Ideen über eine beschreibende und zergliedernde Psychologie. GS V, Stuttgart (Teubner) 1964, S. 139-240.

Duden, Barbara (1993): Die akademische Dekonstruktion der Frau. Judith Butler. In: Dies.: Die Gene im Kopf – der Fötus im Bauch. Historisches zum Frauenkörper, Hannover (Offizin) 2002, S. 200-214.

Erdheim, Mario (1982): Die gesellschaftliche Produktion von Unbewusstheit. Eine Einführung in den ethnopsychoanalytischen Prozess; Frankfurt am Main: Suhrkamp.

Ermann, Michael (2000): Gegenübertragung. In: Mertens, Wolfgang; Waldvogel, Bruno (Hg.): Handbuch psychoanalytischer Grundbegriffe, Stuttgart/Berlin/Köln (Kohlhammer) 2002, S. 226-232.

Faulstich-Wieland, Hannelore (2008): Sozialisation und Geschlecht. In: Hurrelmann, Klaus; Grundmann, Matthias; Walper, Sabine (Hg.): Handbuch Sozialisationsforschung, Weinheim/Basel (Beltz), S. 240-255.

Fenichel, Otto (1935): Zur Theorie der psychoanalytischen Technik. In: Internationale Zeitschrift für Psychoanalyse, Bd. 21, S. 78-96.

Foucault, Michel (1987): Das Subjekt und die Macht. In: Dreyfus, Hubert L.; Rabinow, Paul (Hg.): Michel Foucault. Jenseits von Strukturalismus und Hermeneutik. Aus dem Amerikanischen von Claus Rath und Ulrich Raulff. Frankfurt am Main (Athenäum), S. 243–261.

Freud, Sigmund (1895): Studien über Hysterie. GW I, London (Imago Publishing) 1952, S. 73-312.

Freud, Sigmund (1900): Die Traumdeutung. GW II/III, Frankfurt am Main (Fischer) 1998.

Freud, Sigmund (1901): Zur Psychopathologie des Alltagslebens. GW IV, Frankfurt am Main (Fischer) 1990.

Freud, Sigmund (1905a): Der Witz und seine Beziehungen zum Unbewussten. GW VI, Frankfurt am Main (Fischer) 1987.

Freud, Sigmund (1905b): Drei Abhandlungen zur Sexualtheorie. StA V, Frankfurt am Main (Fischer) 1994, S. 37-146.

Freud, Sigmund (1907): Bemerkungen über einen Fall von Zwangsneurose. GW VII, Frankfurt am Main (Fischer) 1976, S. 379-463.

Freud, Sigmund (1908): Die kulturelle Sexualmoral und die moderne Nervosität. GW VII, Frankfurt am Main (Fischer) 1976, S. 143-167.

Freud, Sigmund (1911): Formulierungen über die zwei Prinzipien des psychischen Geschehens. GW VIII, Frankfurt am Main (Fischer) 1996, S. 230-238.

Freud, Sigmund (1912): Ratschläge für den Arzt bei der psychoanalytischen Behandlung. GW VIII, Frankfurt am Main (Fischer) 1999, S. 376-387.

Freud, Sigmund (1914b): Der Moses des Michelangelo. GW X, 172-201.
Freud, Sigmund (1915): Das Unbewußte. GW X, Frankfurt am Main (Fischer), S. 264–303.
Freud, Sigmund (1921): Massenpsychologie und Ich-Analyse. GW XIII, Frankfurt am Main (Fischer) 1987, S. 71-161.
Freud, Sigmund (1925d [1924]): Selbstdarstellung. GW XIV, Frankfurt am Main (Fischer) 1999, S. 31–96.
Freud, Sigmund (1930a): Das Unbehagen in der Kultur, (1930): Das Unbehagen in der Kultur. GW XIV, Frankfurt am Main(Fischer), 1999, S. 419-506.
Freud, Sigmund (1950): Aus den Anfängen der Psychoanalyse 1887-1902. Briefe an Wilhelm Fließ. Hg. von Marie Bonaparte/Anna Freud/Ernst Kris, Frankfurt am Main (Fischer) 1962.
Freud, Sigmund (1986): Briefe an Wilhelm Fließ. 1887-1904. Hg. von Jeffrey Moussaieff Masson, Frankfurt am Main (Fischer).
Fromm, Erich (1932): Über Methode und Aufgaben einer analytischen Sozialpsychologie. GA I, Stuttgart (Deutsche Verlags-Anstalt) 1999, S. 37-58.
Fromm, Erich (1949): Über psychoanalytische Charakterkunde und ihre Anwendung zum Verständnis der Kultur. GA I, Stuttgart (Deutsche Verlags-Anstalt) 1999, S. 207-214.
Fromm, Erich (1968): Freiheit – die authentische Realisierung der Persönlichkeit. GA IX, Stuttgart (Deutsche Verlags-Anstalt) 1999, S. 381-389.
Gahlings, Ute (2006): Phänomenologie der weiblichen Leiberfahrungen, Freiburg/München (Alber).
Geulen, Dieter (2005): Subjektorientierte Sozialisationstheorie. Sozialisation als Epigenese des Subjekts in Interaktion mit der gesellschaftlichen Umwelt, Weinheim/München (Juventa).
Greenson, Ralph R. (1961): Zum Problem der Empathie. In: Psyche. Zeitschrift für Psychoanalyse und ihre Anwendungen, 15. Jg., Heft 2, S. 142-154.
Habermas, Jürgen (1968): Erkenntnis und Interesse, Frankfurt am Main (Suhrkamp) 1973.
Hagemann-White, Carol (1984): Sozialisation. Weiblich – männlich?, Opladen (Leske + Budrich).
Hartmann, Heinz (1927): Die Grundlagen der Psychoanalyse, Leipzig (Thieme).
Hartmann, Heinz (1969/61 [1939]): Ich-Psychologie und Anpassungsprobleme. In: Psyche Bd. XIV, S. 83-163.
Haubl, Rolf (1991): »Unter lauter Spiegelbildern…«. Zur Kulturgeschichte des Spiegels. 2 Bde., Frankfurt am Main (Nexus).

Haubl, Rolf (1992): Blaubarts Zimmer. Körperphantasien in szenischen Interviews. In: Hartmann, Hans A.; Haubl, Rolf (Hg.): Bilderflut und Sprachmagie. Fallstudien zur Kultur der Werbung, Opladen (Westdeutscher Verlag), S. 71-96.

Haubl, Rolf (1993): Modelle psychoanalytischer Textinterpretation. In: Flick, Uwe; von Kardorff, Ernst; Keupp, Heiner; von Rosenstiel, Lutz; Wolff, Stephan (Hg.): Handbuch Qualitative Sozialforschung, München (Psychologische Verlags Union), S. 219-223.

Haubl, Rolf (1995): Happy birthday, Germany! Nachrichten, Irritationen und Phantasien. In: Müller-Doohm, Stefan; Neumann-Braun, Klaus (Hg.): Kulturinszenierungen, Frankfurt am Main (Suhrkamp), S. 27-59.

Haubl, Rolf (1999): Die Hermeneutik des Szenischen in der Einzel- und Gruppenanalyse. Inszenieren – szenisches Verstehen – szenisches Intervenieren. In: Zeitschrift für Gruppenpsychotherapie und Gruppendynamik, Heft 35, S. 17-53.

Haubl Rolf, Lohl, Jan (2020): Tiefenhermeneutik. In: Mey, Günter, Mruck, Katja (Hg.) Handbuch Qualitative Forschung in der Psychologie. Wiesbaden: Springer.

Heim, Robert; Modena, Emilio (Hg.) (2016): Jacques Lacan trifft Alfred Lorenzer. Über das Unbewusste und die Sprache, den Trieb und das Begehren, Gießen (Psychosozial).

Heimann, Paula (1950): On Countertransference. In: International Journal of Psycho-Analysis, 31. Jg., S. 81-84.

Hollway, W., Frogett, L. (2012): Researching in-between subjective experience and reality. Forum Qualitative Sozialforschung/Forum: Qualitative Social Research, 13 (3), Art. 13. http://nbn-resolving.de/urn:nbn:de:0114-fqs1203132. Zugegriffen am 02.05.2017.

Horn, K., Beier, C., & Kraft-Krumm, D. (1984). Gesundheitsverhalten und Krankheitsgewinn. Zur Logik von Widerständen gegen gesundheitliche Aufklärung. Opladen: Westdeutscher Verlag.

Hurrelmann, Klaus (2002): Einführung in die Sozialisationstheorie, Weinheim/Basel (Beltz).

Hustvedt, Siri (2008): Die Leiden eines Amerikaners, Reinbek (Rowohlt).

Jäger, Ulle (2004): Der Körper, der Leib und die Soziologie. Entwurf einer Theorie der Inkorporierung, Sulzbach am Taunus (Helmer).

Jones, Ernest (1919): Theorie der Symbolik. In: Internationale Zeitschrift für ärztliche Psychoanalyse, 5. Jg., Heft 4, S. 244–261.

Kerschgens, Anke (2007): Manifester und latenter Sinn in der ethnohermeneutischen Forschung. Rekonstruktion eines Familiengesprächs. In: Psychoanalyse. Texte zur Sozialforschung, 11. Jg., Heft 2/21, S. 92-129.

Klauß, Henning (1991): Hermeneutische Auswertungsverfahren in der empirischen Sozialforschung. Leitfaden für eine systematische Beurteilung. In: Schweizerische Zeitschrift für Soziologie, 17. Jg., Heft 1, S. 93-124.

Klein, Regina (2013): Tiefenhermeneutische Analyse. In Friebertshäuser, B., Langer, A. & Prengel, A. (Hg.): Handbuch qualitative Forschungsmethoden in der Erziehungswissenschaft. Weinheim: Beltz Juventa, S. 263–281.

Kojève, Alexandre (1975 [1947]): Hegel. Eine Vergegenwärtigung seines Denkens – Kommentar zur »Phänomenologie des Geistes«. Aus dem Französischen von Iring Fetscher und Gerhard Lehmbruch. Herausgegeben von Iring Fetscher. Frankfurt am Main (Suhrkamp).

König, Hans-Dieter (1992): Der amerikanische Traum. Eine tiefenhermeneutische Analyse gesellschaftlich produzierter Unbewusstheit. In: Hartmann, Hans A.; Haubl, Rolf (Hg.): Bilderflut und Sprachmagie. Fallstudien zur Kultur der Werbung, Opladen (Westdeutscher Verlag), S. 51-70.

König, Hans-Dieter (1993): Die Methode der tiefenhermeneutischen Kultursoziologie. In: Jung, Thomas, Müller-Dohm, Stefan (Hg.): »Wirklichkeit« im Deutungsprozeß. Verstehen und Methoden in den Kultur- und Sozialwissenschaften, Frankfurt am Main (Suhrkamp), S. 190-222.

König, Hans-Dieter (1995a): Auschwitz als Amusement. Tiefenhermeneutische Rekonstruktion der umstrittensten Szenensequenz des Bonengel-Films »Beruf Neonazi« und ihre sozialisationstheoretische Relevanz. In: Zeitschrift für Politische Psychologie, 3. Jg., Heft 1/2, S. 87-118. Wieder abgedruckt in Hans-Dieter König a, S. 291-317.

König, Hans-Dieter (1995b): Hitler und die Jugend. Tiefenhermeneutische Rekonstruktion dreier Szenensequenzen aus Leni Riefenstahls »Triumph des Willens«. In: Psychosozial, 18. Jg., Heft 3/61, S. 47-73. Wieder abgedruckt in Hans-Dieter König a, S. 321-355.

König, Hans-Dieter (1996): Hitlers charismatische Masseninszenierungen. Tiefenhermeneutische Fallrekonstruktion zweier Sequenzen aus Leni Riefenstahls »Triumph des Willens«. In: Zeitschrift für Politische Psychologie, 4. Jg., Heft 1/96, S. 7-42. Wieder abgedruckt in: Hans-Dieter König (Hg.): Sozialpsychologie des Rechtsextremismus, Frankfurt am Main (Suhrkamp) 1998, S. 41-82.

König, Hans-Dieter (1998): Hitler als charismatischer Massenführer. Tiefenhermeneutische Fallrekonstruktion zweier Sequenzen aus Leni Riefenstahls »Triumph des Willens« und ihre sozialisationstheoretische Relevanz. In: König, Hans-Dieter (Hg.): Sozialpsychologie des Rechtsextremismus, Frankfurt am Main (Fischer), S. 41-82.

König, Hans-Dieter (2000): Tiefenhermeneutik. In: Flick, Uwe; Kardorff, Ernst von; Steinke, Ines (Hg.): Qualitative Forschung. Ein Handbuch, Reinbeck (Rowohlt), S. 556-569.

König, Hans-Dieter (2001): Tiefenhermeneutik als Methode psychoanalytischer Kulturforschung. In: Appelsmeyer, Heide; Billmann-Mahecha, Elfriede (Hg.): Kulturwissenschaft. Felder einer prozessorientierten wissenschaftlichen Praxis, Weilerswist (Velbrück), S. 168-194.

König, Hans-Dieter (2002): Das Zerreden von Auschwitz in der Schule. Tiefenhermeneutische Rekonstruktion einer Schulstunde und eines narrativen Interviews mit einer 68er Lehrerin; in: Zeitschrift für qualitative Bildungs-, Beratungs- und Sozialforschung, 2. Jg., Heft Nr. 2, S. 289-317. Wieder abgedruckt in Hans-Dieter König a, S. 419-445.

König, Hans-Dieter (2006): Rechtsextremismus in Fernsehdokumentationen. Psychoanalytische Rekonstruktion ihrer Wirkungsweise, Gießen (Psychosozial).

König, Hans-Dieter (2008): George W. Bush und der fanatische Krieg gegen den Terrorismus. Eine psychoanalytische Studie zum Autoritarismus in Amerika, Gießen (Psychosozial).

König, Hans-Dieter (2014): Affekte, Gießen (Psychosozial).

König, Hans-Dieter; Nittel, Dieter (2016): Die Dialektik von Lern- und Leidenserfahrungen. Narrationsanalytische und tiefenhermeneutische Rekonstruktion der Biographie einer Brustkrebspatientin. In: Detka, Carsten (Hg.): Qualitative Gesundheitsforschung. Beispiele aus der interdisziplinären Forschungspraxis, Opladen/Berlin/Toronto (Budrich), S. 51-124.

König, Hans-Dieter (2019a): Dichte Interpretation. Zur Methodologie und Methode der Tiefenhermeneutik. In: König, Julia; Burgermeister, Nicole; Brunner, Markus; Berg, Philipp; König, Hans-Dieter (Hg.): Dichte Interpretation. Tiefenhermeneutik als Methode qualitativer Forschung, Wiesbaden (Springer) 2019, S. 13-86.

König, Hans-Dieter (2019b): Die Welt als Bühne mit doppeltem Boden. Tiefenhermeneutische Rekonstruktion kultureller Inszenierungen, Wiesbaden (Springer).

König, Hans-Dieter (2019c): Der autoritäre Entertainer. Tiefenhermeneutische Rekonstruktion von Donald J. Trumps Rede zu seinem Amtsantritt. In: Psychosozial, 42. Jg., Heft 2, 73-88.

König, Hans-Dieter (2019d): Von einem Neonazi fasziniert. Psychoanalytische und soziologische Rekonstruktion eines narrativen

Interviews mit einem Soziologiestudenten. In: König, Julia; Burgermeister, Nicole; Brunner, Markus; Berg, Philipp; König, Hans-Dieter (Hg.): Dichte Interpretation. Tiefenhermeneutik als Methode qualitativer Forschung, Wiesbaden (Springer) 2019, S. 277-346.

König, Julia (2012a): Abstraktion und Blindheit. Geschlechtstheoretische Implikationen in Alfred Lorenzers Werk que(e)r gelesen. URL: http://www.agpolpsy.de/wp-content/uploads/2012/05/julia-konig_abstraktion-und-blindheit-geschlechtstheoretische-implikationen-bei-alfred-lorenzer-queer-gelesen1.pdf (Zugegriffen: 19. Mai 2013).

König, Julia (2012b): Psychoanalyse meets Judith Butlers Queer Theory. In: Brunner, Markus; Lohl, Jan; Pohl, Rolf; Schwietring, Marc; Winter, Sebastian (Hg.): Politische Psychologie heute? Perspektiven – Themen – Theorien, Gießen (Psychosozial), S. 119-143.

König, Julia (2016): Hermeneutik des Leibes und der Vorrang des Objekts. Zur Bedeutung der Psychoanalyse für die Sprachtheorie der kritischen Theorie. In: Hogh, Philip; Deines, Stefan (Hg.): Sprache und Kritische Theorie. Frankfurt am Main (Campus), S. 133–164.

König, Julia (2020): Kindliche Sexualität. Geschichte, Begriff und Probleme. Frankfurt am Main (Campus).

König, Julia; Burgermeister, Nicole; Brunner, Markus; Berg, Philipp; König, Hans-Dieter (Hg.) (2019): Dichte Interpretation. Tiefenhermeneutik als Methode qualitativer Forschung, Wiesbaden (Springer).

Kuiper, Pieter C. (1964): Verstehende Psychologie und Psychoanalyse. In: Psyche. Zeitschrift für Psychoanalyse und ihre Anwendungen, 18. Jg., Heft 1, S. 15-32.

Kuiper, Pieter, C. (1965): Diltheys Psychologie und ihre Beziehung zur Psychoanalyse. Psyche Bd. 9, 241-249.

Lacan, Jacques (1973): Schriften I. Ausgewählt und hg. von Norbert Haas. Übersetzt von Rodolphe Gasché, Norbert Haas, Klaus Laermann und Peter Stehlin unter Mitwirkung von Chantal Creusot. Olten/Freiburg im Breisgau (Walter-Verlag).

Lacan, Jacques (1975): Schriften II. Übersetzt von Chantal Creusot, Wolfgang Fietkau, Norbert Haas, Hans-Jörg Rheinberger und Samuel M. Weber. Olten/Freiburg im Breisgau (Walter-Verlag).

Lacan, Jacques (1980): Schriften III. Übersetzt von Norbert Haas, Franz Kaltenbeck, Friedrich A. Kittler, Hans-Joachim Metzger, Monika Metzger und Ursula Rütt-Förster. Olten/Freiburg im Breisgau (Walter-Verlag).

Langer, Susanne (1942): Philosophie auf neuem Wege. Das Symbol im Denken, im Ritus und in der Kunst, Frankfurt am Main (Fischer) 1965.

Laplanche, Jean; Pontalis, Jean-Bertrand (1967): Das Vokabular der Psychoanalyse. 2 Bde, Frankfurt am Main (Suhrkamp) 1973.

Leeuw, P. J. van der (1967): Über die Entwicklung des Metapsychologiebegriffs. In: Psyche. Zeitschrift für Psychoanalyse und ihre Anwendungen, 21. Jg., Heft 1, S. 125-137.

Leithäuser, Thomas; Volmer, Ute; Volmerg, Birgit (1983): Kriegsängste und Sicherheitsbedürfnis. Zur Sozialpsychologie des Ost-West-Konflikts im Alltag, Frankfurt am Main (Fischer).

Leithäuser, Thomas; Volmerg, Birgit (1988): Psychoanalyse in der Sozialforschung. Eine Einführung am Beispiel der Sozialpsychologie der Arbeit, Opladen (Westdeutscher Verlag).

Little, Margaret (1951): Counter-transference and the patient's response to it. In: International Journal of Psycho-Analysis, 32. Jg., S. 32-40.

Loch, Wolfgang (1965): Voraussetzungen, Mechanismen und Grenzen des psychoanalytischen Prozesses, Bern/Stuttgart (Huber).

Lohl, Jan (2017): »Hass gegen das eigene Volk«. Tiefenhermeneutische Analysen rechtspopulistischer Propaganda. In: Psychologie und Gesellschaftskritik, 41. Jg., Heft 3/4, S. 9-40.

Lohl, Jan; Winter, Sebastian (): »Deutschland … ist ja das letzte Bollwerk«. Ein psychoanalytisch-sozialpsychologischer Beitrag zur Mentalitätsgeschichte der westdeutschen Nachkriegszeit. In: König, Julia; Burgermeister, Nicole; Brunner, Markus.; Berg, Philipp; König, Hans-Dieter (Hg.): Dichte Interpretation. Tiefenhermeneutik als Methode qualitativer Forschung, Wiesbaden (Springer), S. 191-223.

Lorenzer, Alfred (1970a): Kritik des psychoanalytischen Symbolbegriffs, Frankfurt am Main (Suhrkamp) 1972.

Lorenzer, Alfred (1970b): Sprachzerstörung und Rekonstruktion. Vorarbeiten zu einer Metatheorie der Psychoanalyse, Frankfurt am Main (Suhrkamp) 1973.

Lorenzer, Alfred (1972): Zur Begründung einer materialistischen Sozialisationstheorie, Frankfurt am Main (Suhrkamp).

Lorenzer, Alfred (1974a): Die Wahrheit der psychoanalytischen Erkenntnis. Ein historisch-materialistischer Entwurf, Frankfurt am Main (Suhrkamp) 1976.

Lorenzer, Alfred (1974b): Wittgensteins Sprachspiel-Konzept in der Psychoanalyse. In: Lorenzer, Alfred: Sprachspiel und Interaktionsformen. Vorträge und Aufsätze zu Psychoanalyse, Sprache und Praxis, Frankfurt am Main (Suhrkamp) 1977, S. 15-37.

Lorenzer, Alfred (1977a): Sprache, Praxis, Wirklichkeit – in der Perspektive einer Analyse subjektiver Struktur. In: Lorenzer, Alfred: Sprachspiel und Interaktionsformen. Vorträge und Aufsätze zu

Psychoanalyse, Sprache und Praxis, Frankfurt am Main (Suhrkamp), S. 38-57.

Lorenzer, Alfred (1977b): Das Individuum der abstrakten Psychologie bei Klaus Holzkamp. Anmerkungen zum Marburger Kongreß. In: Psychologie und Gesellschaftskritik, 1. Jg., Heft 3/4, S. 31-40.

Lorenzer, Alfred (1978): Der Gegenstand psychoanalytischer Textinterpretation. In: Goeppert, Sebastian (Hg.): Perspektiven psychoanalytischer Literaturkritik, Freiburg (Rombach).

Lorenzer, Alfred; Görlich, Bernhard (1980): Die Sozialität der Natur und die Natürlichkeit des Sozialen. Zur Interpretation der psychoanalytischen Erfahrung jenseits von Biologismus und Soziologismus. Ein Gespräch mit Bernard Görlich. In: Görlich, Bernard; Lorenzer, Alfred; Schmidt, Alfred (Hg.): Der Stachel Freud. Beiträge und Dokumente zur Kulturismus-Kritik, Frankfurt am Main (Suhrkramp), S. 297-349.

Lorenzer, Alfred (1981a): Das Konzil der Buchhalter. Die Zerstörung der Sinnlichkeit. Eine Religionskritik, Frankfurt am Main (Europäische Verlagsanstalt).

Lorenzer, Alfred (1981b): Zum Beispiel »Der Malteser Falke«. Analyse der Untersuchung literarischer Texte. In: Urban, Bernd; Kudszus, Winfried (Hg.): Psychoanalytische und psychopathologische Literaturinterpretation, Darmstadt (WBG), S. 23-46.

Lorenzer, Alfred (1981c): Möglichkeiten qualitativer Inhaltsanalyse: Tiefenhermeneutische Interpretation zwischen Ideologiekritik und Psychoanalyse. In: Das Argument. Zeitschrift für Philosophie und Sozialwissenschaften, 23 Jg., Heft 2/126, S. 170-180.

Lorenzer, Alfred (1982): Die Funktion der Literatur und der »ästhetische Genuß«. In: Krauß, Henning; Wolff, Reinhold (Hg.): Psychoanalytische Literaturwissenschaft und Literatursoziologie. Akten der Sektion 17 des Romanistentages 1979 in Saarbrücken, Frankfurt am Main/Bern (Lang), S. 161-176.

Lorenzer, Alfred (1983): Sprache, Lebenspraxis und szenisches Verstehen in der psychoanalytischen Praxis. In: Prokop, Ulrike; Görlich, Bernard (Hg.): Alfred Lorenzer. Szenisches Verstehen. Zur Erkenntnis des Unbewußten. Kulturanalysen. Bd. 1, Marburg (Tectum) 2006, S. 13-38.

Lorenzer, Alfred (1984a): Die Funktion von Literatur und Literaturkritik – aus der Perspektive einer psychoanalytisch-tiefenhermeneutischen Interpretation. In: Institutsgruppe Psychologie der Universität Salzburg (Hg.): Jenseits der Couch. Psychoanalyse und Sozialkritik, Frankfurt am Main (Fischer), S. 211-228.

Lorenzer, Alfred (1984b): Intimität und soziales Leid. Archäologie der Psychoanalyse, Frankfurt am Main (Fischer).

Lorenzer, Alfred (1985): Freud und die Funktion der Literatur. In: Werkblatt. Zeitschrift für Psychoanalyse und Gesellschaftskritik, 2. Jg., Heft 1, S. 25-37.
Lorenzer, Alfred (1986): Tiefenhermeneutische Kulturanalyse. In: Lorenzer, Alfred (Hg.): Kultur-Analysen. Mit Beiträgen von Hans-Dieter König, Alfred Lorenzer, Heinz Lüdde, Søren Nagbøl, Ulrike Prokop, Gunzelin Schmid Noerr/Annelinde Eggert. Psychoanalytische Studien zur Kultur. Bd. 1, Frankfurt am Main (Fischer), S. 11-98.
Lorenzer, Alfred (1988): Hermeneutik des Leibes. Über die Naturwissenschaftlichkeit der Psychoanalyse. In: Prokop, Ulrike; Görlich, Bernard (Hg.): Alfred Lorenzer. Szenisches Verstehen. Zur Erkenntnis des Unbewußten. Kulturanalysen. Bd. 1, Marburg (Tectum) 2006, S. 149-171.
Lorenzer, Alfred (1989): Symbolzerstörung in massenmedialen Inszenierungen. In: Müller-Dohm, Stefan; Neumann, Klaus (Hg.): Medienforschung und Kulturanalyse. Ein Werkstattbericht, Oldenburg (Bibliotheks- und Informationssystem der Universität Oldenburg), S. 15-26.
Lorenzer, Alfred (2002): Die Sprache, der Sinn, das Unbewusste. Psychoanalytisches Grundverständnis und Neurowissenschaften, Stuttgart (Klett-Cotta).
Lorenzer, Alfred (2006): Verführung zur Selbstpreisgabe – psychoanalytisch-tiefenhermeneutische Analyse eines Gedichtes von Rudolf Alexander Schröder. In: Prokop, Ulrike; Görlich, Bernard (Hg.): Alfred Lorenzer. Szenisches Verstehen. Zur Erkenntnis des Unbewußten. Kulturanalysen. Bd. 1, Marburg (Tectum), S. 173-200.
Mahony, Patrick J. (1986): Freud and the Rat Man, New Haven (Yale University Press).
Maihofer, Andrea (1995): Geschlecht als Existenzweise, Sulzbach/ Taunus (Helmer).
Maihofer, Andrea (2002): Geschlecht und Sozialisation. Eine Problemskizze. In: Erwägen Wissen Ethik, 13. Jg., Heft 1, S. 13-26
Marcuse, Herbert (1964): Der eindimensionale Mensch. Studien zur Ideologie der fortgeschrittenen Industriegesellschaft. Schriften VII, Springe (zu Klampen) 2004.
Marcuse, Herbert (1969): Versuch über die Befreiung, Frankfurt am Main (Suhrkamp).
Marx, Karl (1845): Thesen über Feuerbach. MEW III, Berlin (Dietz) 1969, S. 533ff..
Marx, Karl (1846): Die deutsche Ideologie. MEW III, Berlin (Dietz) 1969, S. 5-530.

Marx, Karl (1859): Zur Kritik der politischen Ökonomie. MEW XIII, Berlin (Dietz) 1971, S. 3-160.

Mead, George Herbert (1934): Geist, Identität und Gesellschaft aus der Sicht des Sozialbehaviorismus, Frankfurt am Main (Suhrkamp) 1973.

Moeller, Michael Lukas (1977): Zur Theorie der Gegenübertragung. In: Psyche. Zeitschrift für Psychoanalyse und ihre Anwendungen, 31. Jg., Heft 2, S. 142-166.

Morgenroth, Christine (1991): Sprachloser Widerstand. Zur Sozialpathologie der Lebenswelt von Arbeitslosen, Frankfurt am Main (Fischer).

Morgenroth, Christine (2010): Die dritte Chance. Therapie und Gesundung von jugendlichen Drogenabhängigen, Wiesbaden (VS).

Nagbøl, Søren (1986): Macht und Architektur. Versuch einer erlebnisanalytischen Interpretation der Neuen Reichskanzlei. In: Lorenzer, Alfred (Hg.): Kultur-Analysen. Mit Beiträgen von Hans-Dieter König, Alfred Lorenzer, Heinz Lüdde, Søren Nagbøl, Ulrike Prokop, Gunzelin Schmid Noerr/Annelinde Eggert. Psychoanalytische Studien zur Kultur. Bd. 1, Frankfurt am Main (Fischer), S. 347-374.

Nagbøl, Søren (1987): Disziplinierung in Weiß. Eine Architekturinterpretation. In: Belgrad, Jürgen, Görlich, Bernhard, König, Hans-Dieter, Schmid Noerr, Gunzelin (Hg.) (1987): Zur Idee einer psychoanalytischen Sozialforschung. Dimensionen szenischen Verstehens. Frankfurt am Main (Fischer), S. 347-366.

Oevermann, Ulrich (1993): Die objektive Hermeneutik als unverzichtbare methodologische Grundlage für die Analyse von Subjektivität. Zugleich eine Kritik der Tiefenhermeneutik. In: Jung, Thomas; Müller-Doohm Stefan (Hg.): »Wirklichkeit« im Deutungsprozeß. Verstehen und Methoden in den Kultur- und Sozialwissenschaften, Frankfurt am Main (Suhrkamp), S. 106-190.

Özdogan, Mehmet Mihri (2007): Nation und Symbol. Der Prozess der Nationalisierung am Beispiel der Türkei, Frankfurt am Main/New York (Campus).

Piaget, Jean (1945): Nachahmung, Spiel und Traum. GW V, Stuttgart (Klett-Cotta) 1975.

Prokop, Ulrike (Hg.) (2008): Erziehung als Unterhaltung in den populären TV-Ratgebern »Super Nanny« und » S.O.S. Schule«, Marburg (Tectum).

Prokop, Ulrike (Hg.) (2009): Geiles Leben, falscher Glamour. Beschreibungen, Analysen, Kritiken zu Germany's Next Topmodel, Marburg (Tectum).

Quindeau, Ilka (2008): Verführung und Begehren. Die psychoanalytische Sexualtheorie nach Freud, Stuttgart (Klett-Cotta).
Racker, Heinrich (1959): Übertragung und Gegenübertragung. Studien zur psychoanalytischen Technik, München/Basel (Reinhardt) 1978.
Ricœur, Paul (1969): Die Interpretation. Ein Versuch über Freud. Frankfurt am Main (Suhrkamp).
Rohde-Dachser, Christa (1991): Expedition in den dunklen Kontinent. Weiblichkeit im Diskurs der Psychoanalyse, Gießen 2003 (Psychosozial).
Saussure, Ferdinand de (2011): Grundfragen der allgemeinen Sprachwissenschaft. Hg. von Charles Bally und Albert Sechehaye. Unter Mitwirkung von Albert Riedlinger. Übersetzt von Herman Lommel. Mit einem Nachwort von Peter Ernst. Berlin (de Gruyter).
Salling Olesen, Henning (Hg.) (2012a): Cultural analysis and in-depth hermeneutics – Psycho-societal analysis of everyday life culture, interaction, and learning. Forum Qualitative Sozialforschung, 13. Jg., Heft 3. URL: http://www.qualitative-research.net/index.php/fqs/issue/view/41 (Zugegriffen: 2. Mai 2017).
Salling Olesen, Henning (2012b): The societal nature of subjectivity. An interdisciplinary challenge. In: Forum Qualitative Sozialforschung, 13. Jg., Heft 3, 4. Beitrag. URL: http://nbn-resolving.de/urn:nbn:de:0114-fqs120345 (Zugegriffen: 2. Mai 2017.)
Salling Olesen, Henning; Weber, Kirsten (2012c): Socialization, language, and scenic understanding. Alfred Lorenzer's contribution to a psycho-societal methodology. In: Forum Qualitative Sozialforschung, 13. Jg., Heft 3, 22. Beitrag. URL: http://nbn-resolving.de/urn:nbn:de:0114-fqs1203229 (Zugegriffen: 2. Mai 2017).
Scheifele. Sigrif (1983): Aufhebung der Leidenschaft? Zu Elias Canettis »Die gerettete Zunge«. In: Belgrad, Jürgen et al. (Hg.) (1983): Zur Idee einer psychoanalytischen Sozialforschung. Dimensionen szenischen Verstehens. Frankfurt am Main: Fischer, S. 317-331.
Schorkse, Carl E. (1980): Wien. Geist und Gesellschaft im Fin de Siècle. Frankfurt am Main 1982 (Fischer).
Schwarz, Christoph Heiner (2010): Verstrickt in die Forschungssituation. Die Methode der Ethnoanalyse in der Adoleszenzforschung. In: sozialer sinn, 11. Jg., Heft 2, S. 289-318.
Sidorowicz, Laura S.; Lunney, G. Sparks (1980): Baby X Revisited. In: Sex Roles. A Journal of Research, 6. Jg., Heft 1, S. 67-73.
Sigusch, Volkmar (2008): Geschichte der Sexualwissenschaften, Frankfurt am Main (Campus).

Simonelli, Thierry (2014): Vom Sprachspiel zur Interaktion. In: Elisabeth Rohr (Hg.): Inszenierungen des Unbewussten in der Moderne. Alfred Lorenzer heute. Marburg (Tectum), S. 29–51.

Steinert, Heinz (1989): Adorno in Wien. Über die (Un)Möglichkeit von Kunst, Kultur und Befreiung. Wien (Verlag für Gesellschaftskritik).

Strauss, Anselm L. (1968): Spiegel und Masken. Die Suche nach Identität, Frankfurt am Main (Suhrkamp).

Swaan, Abram de (1978): Zur Soziogenese des psychoanalytischen »Settings«. In: Psyche. Zeitschrift für Psychoanalyse und ihre Anwendungen, 32. Jg., Heft 9, S. 793-826.

Thorner, Hans A. (1963): Ursache, Grund und Motiv. Ein psychoanalytischer Beitrag zum Verständnis psychosomatischer Phänomene. In: Psyche. Zeitschrift für Psychoanalyse und ihre Anwendungen, 16. Jg., Heft 11, S. 670-685.

Turner, Ralph H. (1962): Role-Taking. Process versus Conformity. In: Rose, Arnold M. (Hg.): Human Behavior and Social Processes. An Interactionist Approach, London (Routledge & Kegan Paul), S. 20-40.

Whitebook, Joel (1998): Freud, Foucault und der »Dialog mit der Unvernunft«. In: Psyche. Zeitschrift für Psychoanalyse und ihre Anwendungen, 52. Jg., Heft 6, S. 505-544.

Winnicott, Donald W. (1960): The Theory of the Parent-Infant Relationship. In: The International Journal of Psycho-Analysis, Bd. 41, S. 585-595.

Winter, Sebastian (2013a): Geschlechter- und Sexualitätsentwürfe in der SS-Zeitung »Das Schwarze Korps«. Eine psychoanalytisch-sozialpsychologische Studie, Gießen (Psychosozial).

Winter, Sebastian (2013b): Die schöne neue Welt der scheinbar zwanglosen Geschlechtsidentitäten. Postfordistische Entwürfe von Geschlechterdifferenz zwischen Gender Trainings und Soziobiologie. In: Psychologie und Gesellschaftskritik, 36./37. Jg., Heft 4/1, S. 101-124.

Wittgenstein, Ludwig (1958): Philosophische Untersuchungen, Frankfurt am Main (Suhrkamp) 1971.

Wolf, Michael (1981): Das szenische Interview. Szenisches Verstehen als Mittel lebensgeschichtlich orientierter Sozialforschung. In: Deutsche Gesellschaft für Soziologie (DGS) (1981) (Hrsg.): Soziologie in der Gesellschaft: Referate aus den Veranstaltungen der Sektionen der Deutschen Gesellschaft für Soziologie, der Ad-hoc-Gruppen und des Berufsverbandes Deutscher Soziologen beim 20. Deutschen Soziologentag in Bremen 1980 (Bd. 3). Bremen: Tagungsberichte, Universität Bremen, S. 635–639.

Würker, Achim (1987): Irritation und Szene. Anmerkungen zur tiefenhermeneutischen Literaturinterpretation. In: Belgrad, Jürgen; Görlich, Bernard; König, Hans-Dieter; Schmid Noerr, Gunzelin (Hg.): Zur Idee einer psychoanalytischen Sozialforschung. Dimensionen szenischen Verstehens, Frankfurt am Main (Fischer), S. 304-317.

Zaretsky, Eli (2006): Freuds Jahrhundert. Die Geschichte der Psychoanalyse, Wien (Zsolnay).

Anhang

(1) Verzeichnis der Schriften Alfred Lorenzers

Buchveröffentlichungen

1970

(1970a): Kritik des psychoanalytischen Symbolbegriffs, Frankfurt am Main (Suhrkamp).

(1970b): Sprachzerstörung und Rekonstruktion. Vorarbeiten zu einer Metatheorie der Psychoanalyse, Frankfurt am Main (Suhrkamp).

1972

(1972a): Perspektiven einer kritischen Theorie des Subjekts, Frankfurt am Main (Seminar).

(1972b): Zur Begründung einer materialistischen Sozialisationstheorie, Frankfurt am Main (Suhrkamp).

1973

(1973a): Über den Gegenstand der Psychoanalyse oder: Sprache und Interaktion, Frankfurt am Main (Suhrkamp).

1974

(1974a): Die Wahrheit der psychoanalytischen Erkenntnis. Ein historisch-materialistischer Entwurf, Frankfurt am Main (Suhrkamp).

1977

(1977a): Sprachspiel und Interaktionsformen. Vorträge und Aufsätze zu Psychoanalyse, Sprache und Praxis, Frankfurt am Main (Suhrkamp).

1981

(1981a): Das Konzil der Buchhalter. Die Zerstörung der Sinnlichkeit. Eine Religionskritik, Frankfurt am Main (Europäische Verlagsanstalt).

1984

(1984a): Intimität und soziales Leid. Archäologie der Psychoanalyse, Frankfurt am Main (Fischer).

2002

(2002): Die Sprache, der Sinn, das Unbewusste. Psychoanalytisches Grundverständnis und Neurowissenschaften, Stuttgart (Klett-Cotta).

2006

(2006): Szenisches Verstehen. Zur Erkenntnis des Unbewußten. Hg. von Ulrike Prokop/Bernard Görlich, Marburg (Tectum).

Essays und Kritiken

1959

(1959a): Die Verlustdepression. Verlust und existentielle Krise. In: Archiv für Psychiatrie und Nervenkrankheiten, Bd. 198, Heft 6, S. 649-658.

(1959b): Eine psychotische Form der Schuldentlastung. In: Der Nervenarzt. Zeitschrift für Neurologie, 30. Jg., Heft 2, S. 85ff..

(1959c): Erlebnis und Reaktion in einer paranoischen Entwicklung. Ein Beitrag zur Paranoiafrage (I). In: Zeitschrift für Psychotherapie und medizinische Psychologie, 9. Jg., S. 23-34.

(1959b): Schuld und Gewissen in einer paranoischen Entwicklung. Ein Beitrag zur Paranoiafrage (II). In: Zeitschrift für Psychotherapie und medizinische Psychologie, 9. Jg., S. 97-108.

1960

Gemeinsam mit Roll, Alfred; Schubert, René (1960a): Beziehungen zwischen Biomorphose, Asthma bronchiale und Konstitution. In: Zeitschrift für Alternsforschung, Bd. 14, Heft 3-4, S. 334-341.

(1960b): Formungen der Neurose im »Psychologischen Feld«. In: Neurose. Ein psychosoziales Problem. Aus Felix Schottländers Stuttgarter Kreis, Stuttgart (Klett), S. 110-120.

1963

Gemeinsam mit Mitscherlich, Alexander (1963): Das vegetative Nervensystem im psychosomatischen Konzept der Psychoanalyse. In: Monnier, Marcel (Hg.): Physiologie und Pathophysiologie des vegetativen Nervensystems. Bd. 2. Pathophysiologie des vegetativen Nervensystems, Stuttgart (Hippokrates), S. 911-926.

1964

(1964): Planung – wofür? Sozialpsychologische Überlegungen zu Stadtplanung und Raumordnung. In: Bundesminister für Wohnungswesen, Städtebau und Raumordnung (Hg.): Bundesbaublatt. Juni, S. 296-299.

1965

Gemeinsam mit Thomä, Helmut (1965a): Über die zweiphasige Symptomentwicklung bei traumatischen Neurosen. In: Psyche. Zeitschrift für Psychoanalyse und ihre Anwendungen, 18. Jg., Heft 11, S. 674-684.

(1965b): Zur Revision des Symbolbegriffs in der Psychoanalyse. Arbeitspapier für das Sigmund-Freud-Institut Frankfurt. In: Lorenzer 1972a, S. 50-63.

(1965c): Ein Abwehrsyndrom bei traumatischen Verläufen. In: Psyche. Zeitschrift für Psychoanalyse und ihre Anwendungen, 18. Jg., Heft 1, S. 685-700.

1966

(1966a): Papier zum Vortrag über den »kleinen Hans«, angefertigt für ein philosophisches Seminar der Universität Frankfurt. In: Lorenzer 1972a, S. 64-69.

(1966b): Zum Begriff der »Traumatischen Neurose«. In: Psyche. Zeitschrift für Psychoanalyse und ihre Anwendungen, 20. Jg., Heft 7, S. 481-492.

1967

(1967): Zum Problem der Symptomlatenz bei Verfolgungsschäden. Vortrag auf dem Internationalen Kongreß für Psychoanalyse in Kopenhagen. In: Lorenzer 1972a, S. 17-21.

1968

(1968a): Erweitertes Votum über das »szenische Verstehen«. Arbeitspapier für das Sigmund-Freud-Institut Frankfurt. In: Lorenzer 1972a, S. 70-73.

(1968b): Plädoyer für eine Architektur von der Straße her. Architektur des Raumes. In: Lorenzer 1972a, S. 10f. Auch in: Publik visuell, 1. Jg., Heft 2, S. 9.

(1968c): Methodologische Probleme der Untersuchung traumatischer Neurosen. In: Psyche. Zeitschrift für Psychoanalyse und ihre Anwendungen, 22. Jg., Heft 9, S. 861-874.
(1968d): Städtebau. Funktionalismus und Sozialmontage? Zur sozialpsychologischen Funktion der Architektur. In: Berndt, Heide; Lorenzer, Alfred; Horn, Klaus (Hg.): Architektur als Ideologie, Frankfurt am Main (Suhrkamp), S. 51-104.

1969

(1969a): Frantz Fanon – Die Verdammten der Erde. Rezension. In: Psyche. Zeitschrift für Psychoanalyse und ihre Anwendungen, 23. Jg., Heft 1, S. 76f.
(1969b): Heinz Kraschutzki – Die Untaten der Gerechtigkeit. Rezension. In: Psyche. Zeitschrift für Psychoanalyse und ihre Anwendungen, 23. Jg., Heft 1, S. 77-80.
(1969c): David Clarence McClelland – Motivation und Kultur. Rezension. In: Psyche. Zeitschrift für Psychoanalyse und ihre Anwendungen, 23. Jg., Heft 7, S. 556ff..
(1969d): Joseph R. Royce – Psychology and the Symbol. Rezension. In: Psyche. Zeitschrift für Psychoanalyse und ihre Anwendungen, 23. Jg., Heft 5, S. 392f..

1970

(1970c): Grenzen und Möglichkeiten der psychoanalytischen Traumalehre. Antrittsvorlesung in der philosophischen Fakultät, Frankfurt. In: Lorenzer 1972a, S. 44-49.
(1970d): Holzhausen-Papier. Vortrag auf der Frühjahrstagung der Deutschen Akademie für Städtebau und Landesplanung. In: Lorenzer 1972a, S. 12-16.
(1970e): Medizin, Psychosomatik. In: Der Themakreis im IDZ Berlin (Hg.): Design? Umwelt wird in Frage gestellt, Berlin (IDZ), 83f.
(1970f): Symbol, Sprachverwirrung und Verstehen. In: Psyche. Zeitschrift für Psychoanalyse und ihre Anwendungen, 24. Jg., Heft 12, S. 895-920.
(1970g): Symbol und Verstehen im psychoanalytischen Prozeß. Kurzfassung des gleichnamigen Manuskriptes der Habilitationsschrift, die später unter den Titeln »Sprachzerstörung und Rekonstruktion« und »Kritik des psychoanalytischen Symbolbegriffs« bei Suhrkamp (beide 1970) erschien. In: Lorenzer 1972a, S. 74-81.
Lorenzer, Alfred; Mitscherlich, Alexander; Horn, Klaus; Dahmer, Helmut; Schwanenberg, Enno; Brede, Karola; Berndt, Heide (1970h): Über Psychoanalyse und Soziologie. In: Psyche. Zeitschrift für Psychoanalyse und ihre Anwendungen, 24. Jg., Heft 3, S. 157-187.

1971

(1971a): Drei Vorlesungen, vertretungsweise gehalten in dem Mitscherlich-Zyklus »Einführung in die Psychoanalyse«. Teil I (Metapsychologie). Ffm SS. In: Lorenzer 1977a, S. 92-136.

(1971b): Jahrbuch der Psychoanalyse, Bd. V – Beiträge zur Theorie und Praxis. Rezension. In: Psyche. Zeitschrift für Psychoanalyse und ihre Anwendungen, 25. Jg., Heft 5, S. 410ff..

(1971c): Bernhard Pauleikhoff – Situation und Persönlichkeit in Diagnostik und Therapie. Rezension. In: Psyche. Zeitschrift für Psychoanalyse und ihre Anwendungen, 25. Jg., Heft 6, S. 503f..

(1971d): Perspektiven einer kritischen Theorie des Subjekts. Vortrag am soziologischen Institut der Universität Wien. In: Lorenzer 1972a, S. 82-91.

(1971e): Psychoanalyse und Sprache. Radiovortrag, gehalten am 29.04. im Südwestfunk II, 21:00 h. In: Lorenzer 1972 a, S. 150-155. Unter dem Titel »Sprache, Verständigung und Psychoanalyse« erschienen in: Süddeutscher Rundfunk (Hg.): Sprache – Brücke und Hindernis. 23 Beiträge nach einer Sendereihe des »Studio Heidelberg«, München (Piper) 1972, S. 215-224.

(1971f): Symbol, Interaktion und Praxis. In: Edition Suhrkamp (Hg.): Psychoanalyse als Sozialwissenschaft. Bd. 454. Mit Beiträgen von Alfred Lorenzer, Helmut Dahmer, Klaus Horn u. a., Frankfurt am Main (Suhrkamp), S. 9-59.

1972

(1972c): »Allgemeine Semantik« aus der Sicht der Psychoanalyse. Rezension. In: Psyche. Zeitschrift für Psychoanalyse und ihre Anwendungen, 26. Jg., Heft 5, S. 308-315.

(1972d): Die Stellung des Kranken und Behinderten in der Gesellschaft. Radiovortrag. In: Lorenzer 1972a, S. 156-162.

(1972e): Freud und der Beginn einer psychoanalytischen Sozialpsychologie. In: Wehler, Hans-Ulrich (Hg.): Soziologie und Psychoanalyse, Stuttgart/Berlin/Köln/Mainz (Kohlhammer), S. 65-68.

(1972f): Gunter Hofer – Der Mensch im Wahn. Rezension. In: Psyche. Zeitschrift für Psychoanalyse und ihre Anwendungen, 26. Jg., Heft 10, S. 899.

(1972g): Sigmund Freud – ein Lerntheoretiker? Rezension. In: Psyche. Zeitschrift für Psychoanalyse und ihre Anwendungen, 26. Jg., Heft 2, S. 156-168.

1973

(1973b): »Das Spiel der Phantasie«. Anmerkungen zu dem Verhältnis von Psychoanalyse, Literaturwissenschaft und Literatur. In: Sprache im technischen Zeitalter, Heft 46, S. 146-156.

(1973c): Grundprobleme einer materialistischen Sozialisationstheorie. In: Walter, Walter (Hg.): Sozialisationsforschung. Bd. 1. Erwartungen, Probleme, Theorieschwerpunkte, Stuttgart (Frommann-Holzboog), S. 267-276.

(1973d): »Psychoanalyse als Herrschaftswissenschaft?« oder Psychoanalysekritik als Anpassungsgeste. In: Lorenzer; Horn 1973f, S. 43-75.

(1973e): Psychoanalyse, Sprache und historischer Materialismus. In: Lorenzer 1973a, S. 153-167.

1974

(1974b): Die einsozialisierte Erlebnisstruktur in ihrem Verhältnis zur Sprache. In: Archiv für Rechts- und Sozialphilosophie, 60. Jg., Beiheft 9, S. 23-26.

(1974c): Double-bind, pragmatische Paradoxie oder inkonsistent-antagonistische Praxisfigur. In: Landschaftsverband Westfalen-Lippe, Abteilung Gesundheitswesen (Hg.): Walter Theodor Winkler zur Vollendung des 60. Lebensjahres, S. 176-185.

(1974d): Kampf und Aggression. Veränderte Fassung eines Referates auf der Hamburger Politologentagung. In: Politische Psychologie Wien, S. 198-211.

Gemeinsam mit Krambeck, Jürgen (1974e): Verstehen, Hermeneutik und »Falsches Verständigtsein«. In: Schraml, Walter J.; Baumann, Urs (Hg.): Klinische Psychologie. Ein Lehrbuch für Psychologen, Ärzte, Heilpädagogen und Studierende. Bd. 2. Methoden, Ergebnisse und Probleme der Forschung, Bern (Huber), S. 147-166.

(1974f): Wittgensteins Sprachspiel-Konzept in der Psychoanalyse. In: Psyche. Zeitschrift für Psychoanalyse und ihre Anwendungen, 28. Jg., Heft 9, S. 833-852. Auch in: Lorenzer 1977a, S. 15-37.

1975

(1975a): Antagonistische Interaktionsformen beim »Double bind«. Gütersloher Fortbildungswoche, I-II. Erweiterte Fassung in: Lorenzer 1977a, S. 58-74.

(1975b): Psychoanalyse und Gesellschaft. In: Gerhardt, Marlis (Hg.): Die Zukunft der Philosophie, München (List), S. 149-165.

1976

(1976a): Jean Piaget. In: Hommage à Jean Piaget, zum 80. Geburtstag, Stuttgart (Klett), S. 31.

(1976b): Zum Verhältnis von Natur und Geschichte im Individuum. In: Meissner, Hans Günther (Hg.): Leidenschaft der Wahrnehmung. Psychoanalyse mit ihren Beziehungen zu Psychotherapie, Philosophie und zu den Wirtschafts- und Sozialwissenschaften. Festgabe für Edeltrud Meistermann-Seeger, München (Kindler), S. 123-136. Auch in: Lorenzer 1977a, S. 80-194.

(1976c): Zur Dialektik von Individuum und Gesellschaft. In: Leithäuser, Thomas; Heinz, Walter R. (Hg.): Produktion, Arbeit, Sozialisation, Frankfurt am Main (Suhrkamp), S. 13-47.

(1976d): Zur Konstitution von Bedeutung im primären Sozialisationsprozeß. In: Schecker, Michael (Hg.): Methodologie der Sprachwissenschaft, Hamburg (Hoffmann & Campe), S. 185-203.

1977

(1977b): Anatomie einer Verständnisbarriere – Anmerkungen zu den Aufsätzen von Karola Brede und Emma Moersch. In: Lorenzer 1977a, S. 130-161.

(1977c): Architektonische Symbole und subjektive Struktur. In: Dortmunder Architekturtage; Universität Dortmund (Hg.): Dortmunder Architekturtage 1975. Das Prinzip Reihung in der Architektur, Dortmund (Lehrstuhl für Entwerfen und Architekturtheorie der Universität Dortmund), S. 141-147.

(1977d): Das Sprachspielmodell und die Matrix individueller Praxis. In: Lorenzer 1977a, S. 75-101.

(1977e): Dr. Freuds besondere Medizin. Die Wissenschaftlichkeit der psychoanalytischen Therapie. In: von Nussbaum; Heinrich (Hg.): Die verordnete Krankheit, Frankfurt am Main (Fischer), S. 379-399.

(1977f): Kritische Diskussionsbeiträge zum Funktionalismus und zu dessen Überwindung. In: werk-archithese. Zeitschrift und Schriftenreihe für Architektur und Kunst, 64. Jg., Heft 1, S. 31f..

(1977g): Lacan und/oder Marx. In: Lorenzer 1977a, S. 162-179.

(1977h): Psychoanalyse als kritisch-hermeneutisches Verfahren. In: Lorenzer 1977a, S. 105-129.

(1977i): Sprache, Praxis, Wirklichkeit – in der Perspektive einer Analyse subjektiver Struktur. In: Lorenzer 1977a, S. 38-57.

(1977j): Zum Verhältnis von objektiver und subjektiver Struktur. In: Lorenzer 1977a, S. 195-217.

(1977k): Das Individuum der abstrakten Psychologie bei Klaus Holzkamp. Anmerkungen zum Marburger Kongreß. In: Psychologie und Gesellschaftskritik, 1. Jg., Heft 3/4, S. 31-40.

1978

(1978a): Der Gegenstand psychoanalytischer Textinterpretation. In: Goeppert, Sebastian (Hg.): Perspektiven psychoanalytischer Literaturkritik, Freiburg (Rombach), S. 71-81.

(1978b): Die Analyse der subjektiven Struktur von Lebensläufen und das gesellschaftlich Objektive. In: Einundzwanzig. Randgänge der Erziehungswissenschaft, Heft 8, S. 33-49. Überarbeitete Version in: Dahmer, Helmut (Hg.): Analytische Sozialpsychologie. Bd. 2, Frankfurt am Main (Suhrkamp) 1980, S. 619-631.

(1978c): Die psychischen Ursprünge ästhetischer Erfahrung. In: Hochschule für Gestaltung Offenbach am Main (Hg.): Ästhetik im Alltag. Studien und Materialien. Bd. 1, Offenbach am Main (Hochschule für Gestaltung), S. 32 f..

(1978d): Nachwort zu Georges Politzer – Kritik der Grundlagen der Psychologie, Frankfurt am Main (Suhrkamp), S. 205-212.

1979

(1979a): Kindheit. In: Kindheit. Zeitschrift zur Erforschung der psychischen Entwicklung, 1. Jg., S. 29-36.

Gemeinsam mit Orban, Peter (1979 b): Psychoanalyse als Sozialwissenschaft und das Konzept der Übergangsobjekte und Übergangsphänomene. In: Kindheit. Zeitschrift zur Erforschung der psychischen Entwicklung, 1. Jg., S. 271-280.

(1979c): Sprache, Persönlichkeitsstruktur und psychoanalytisches Verfahren. In: Kisker, Karl Peter; Meyer, Joachim-Ernst; Müller, Christian; Strömgren, Erik (Hg.): Psychiatrie der Gegenwart. Bd. 1. Grundlagen und Methoden der Psychiatrie, Berlin/Heidelberg (Springer), S. 577-598.

(1979d): Sprache, Praxis, Wirklichkeit – in der Perspektive einer Analyse subjektiver Struktur. In: Simon, Gerd; Strassner, Erich (Hg.): Sprechen, Denken, Praxis. Zur Diskussion neuer Antworten auf eine alte Frage in Praxis, Wissenschaft und Philosophie, Weinheim/Basel (Beltz), S. 87- 102.

(1979e): Aus der Diskussion zum Beitrag von Alfred Lorenzer. In: Simon, Gerd; Strassner, Erich (Hg.): Sprechen, Denken, Praxis. Zur Diskussion neuer Antworten auf eine alte Frage in Praxis, Wissenschaft und Philosophie, Weinheim/Basel (Beltz), S. 102-106.

(1979f): Variationen zum Thema »Wer nicht hören will, muß fühlen«. In: Englert, Ewald H. (Hg.): Die Verarmung der Psyche. Igor

Alexander Caruso zum 65. Geburtstag, Frankfurt am Main/New York (Campus), S. 102-119.
(1979g): Vorwort in Trescher, Hans-Georg – Sozialisation und beschädigte Subjektivität, Frankfurt am Main (Fachbuchhandlung Für Psychologie Verlagsabteilung), S. 11 f..

1980

(1980a): Die katholische Kirche und die Reform der Abtreibungsgesetzgebung. In: Kritische Justiz, 13. Jg., Heft 1, S. 28-38.
(1980b): Die Sozialität der Natur und die Natürlichkeit des Sozialen. Zur Interpretation der psychoanalytischen Erfahrung jenseits von Biologismus und Soziologismus. Ein Gespräch mit Bernard Görlich. In: Görlich, Bernard; Lorenzer, Alfred; Schmidt, Alfred (Hg.): Der Stachel Freud. Beiträge und Dokumente zur Kulturismus-Kritik, Frankfurt am Main (Suhrkramp), S. 297-349.
(1980c): Symbol, Vermittlung von Sinnlichkeit und Bewußtsein. In: Leuner, Hanscarl (Hg.): Katathymes Bilderleben. Ergebnisse in Theorie und Praxis, Bern/Stuttgart/Wien (Huber), S. 58-73.

1981

(1981b): Die Anstößigkeit der psychoanalytischen Erkenntnismethode. In: Krovoza, Alfred; Oestmann, Axel R.; Ostermeyer, Klaus (Hg.): Zum Beispiel Peter Brückner. Treue zum Staat und kritische Wissenschaft, Frankfurt am Main (Europäische Verlagsanstalt), S. 77-95.
Gemeinsam mit Görlich, Bernard (1981c): Lebensgeschichte und Persönlichkeitsentwicklung im Spannungsfeld von Sinnlichkeit und Bewußtsein. In: Maurer, Friedemann (Hg.): Lebensgeschichte und Identität. Beiträge zu einer biographischen Anthropologie, Frankfurt am Main (Fischer), S. 84-104.
(1981d): Möglichkeiten qualitativer Inhaltsanalyse. Tiefenhermeneutische Interpretation zwischen Ideologiekritik und Psychoanalyse. In: Das Argument. Zeitschrift für Philosophie und Sozialwissenschaften, 23. Jg., Heft 2/126, S. 170-180.
(1981e): Psychoanalyse als Dialogwissenschaft. In: Schröder, Peter; Steger, Hugo (Hg.): Dialogforschung. Jahrbuch 1980 des Instituts für deutsche Sprache, Düsseldorf (Schwann), S. 493-503.
Gemeinsam mit Schmid Noerr, Gunzelin (1981f): Psychoanalyse und Teleologie. Über Bildung und tiefenhermeneutische Erfahrung der unbewußten Zielstrebigkeit. In: Neue Hefte für Philosophie, Heft 20, S. 94-123.
(1981g): Vorwort zu Susanne Graf-Deserno – Gestörtes Lernen – gestörte Beziehungen. Eine psychoanalytisch-sozialpsychologische

Interpretation der Lehrerarbeit mit Sonderschülern, Bensheim (Päd.Extra), S. 5.
(1981h): Was ist eine »unbewußte Phantasie«? In: Schöpf, Alfred (Hg.): Phantasie als anthropologisches Problem, Würzburg (Königshausen und Neumann), S. 213-224.
(1981i): Zum Beispiel »Der Malteser Falke«. Analyse der psychoanalytischen Untersuchung literarischer Texte. In: Urban Bernd; Kudszus, Winfried (Hg.): Psychoanalytische und psychopathologische Literaturinterpretation, Darmstadt (Wissenschaftliche Buchgesellschaft), S. 23-46.

1982

(1982a): Die Funktion der Literatur und der »ästhetische Genuß«. In: Krauß, Henning; Wolff, Reinhold (Hg.): Psychoanalytische Literaturwissenschaft und Literatursoziologie. Akten der Sektion 17 des Romanistentages 1979 in Saarbrücken, Frankfurt am Main/Bern (Lang), S. 161-176.

1983

(1983a): Erweiterte Fassung des Vortrags über »Das Konzil der Buchhalter«. In: Beirat der Konferenz der deutschsprachigen Pastoraltheologen (Hg.): Symbol und Ritual. Pastoral-Theologische Informationen, Passau, S. 145-178.
(1983b): Sprache, Lebenspraxis und szenisches Verstehen in der psychoanalytischen Therapie. In: Psyche. Zeitschrift für Psychoanalyse und ihre Anwendungen, 37. Jg., Heft 2, S. 97-115/Prokop, Ulrike; Görlich, Bernard (Hg.): Alfred Lorenzer. Szenisches Verstehen. Zur Erkenntnis des Unbewußten. Kulturanalysen. Bd. 1, Marburg (Tectum) 2006, S. 13-38.
(1983c): Sprache und Verstehen in der psychoanalytischen Therapie. In: Universitas. Zeitschrift für Wissenschaft, Kunst und Literatur, 38. Jg., Heft 11/450, S. 1167-1177.
Gemeinsam mit Görlich, Bernard (1983d): Subjektivität – als Gefüge von Lebensentwürfen. In: Radermacher, Hans (Hg.): Aktuelle Probleme der Subjektivität, Bern/Frankfurt am Main (Lang), S. 39-54.

1984

(1984b): Die Funktion von Literatur und Literaturkritik – aus der Perspektive einer psychoanalytisch-tiefenhermeneutischen Interpretation. In: Institutsgruppe Psychologie der Universität Salzburg (Hg.): Jenseits der Couch. Psychoanalyse und Sozialkritik, Frankfurt am Main (Fischer), S. 211-228.

(1984c): Die Kontroverse Bloch-Freud. Eine versäumte Auseinandersetzung zwischen Psychoanalyse und Historischem Materialismus. In: Lohmann, Hans-Martin (Hg.): Die Psychoanalyse auf der Couch, Frankfurt am Main/Paris (Qumran), S. 60-74.
(1984d): Über die gemeinsame Wurzel aller interpretierenden Psychotherapien. In: Reinelt, Toni (Hg.): Die Begegnung der Individualpsychologie mit anderen Therapieformen. Ausgewählte Beiträge aus dem 15. Kongreß der Internationalen Vereinigung für Individualpsychologie vom 2.-6. August 1982 in Wien, München/Basel (Reinhardt), S. 51-59.

1985

(1985a): Das Verhältnis der Psychoanalyse zu ihren Nachbardisziplinen. In: Fragmente. Wissenschaftliches Zentrum für Psychoanalyse, Psychotherapie und Psychosoziale Forschung Kassel. Psychohistorische Beiträge. Schriftenreihe zur Psychoanalyse. Phantasmen der Macht, Heft 4/15, S. 8-20.
(1985b): Der Analytiker als Detektiv, der Detektiv als Analytiker. In: Psyche. Zeitschrift für Psychoanalyse und ihre Anwendungen, 39. Jg., Heft 1, S. 1-11.
(1985c): Diskussion mit Hans Höller, Jutta Rainer, Karl Mätzler, Elisabeth Bingl. In: Werkblatt. Zeitschrift für Psychoanalyse und Gesellschaftskritik, 2. Jg., Heft 1, S. 37-47.
(1985d): Freud und die Funktion der Literatur. In: Werkblatt. Zeitschrift für Psychoanalyse und Gesellschaftskritik, 2. Jg., Heft 1, S. 25-37.
(1985e): Spuren und Spurensuche bei Freud. In: Fragmente. Wissenschaftliches Zentrum für Psychoanalyse, Psychotherapie und Psychosoziale Forschung Kassel. Psychohistorische Beiträge. Schriftenreihe zur Psychoanalyse. Psychoanalyse Literatur – Literaturwissenschaft IV. Dichtung und Verdichtung. Auf den Spuren der Einbildungskraft, Heft 17/18, S. 160-178.
Gemeinsam mit Horn, Klaus (1985f): Vorwort zu Hans-Joachim Busch – Interaktion und innere Natur. Sozialisationstheoretische Reflexionen, Frankfurt am Main/New York (Campus), S. 11-15.

1986

(1986a): Das Unbewußte, die Physiologie und der Sadomasochismus. Ein Gespräch mit Ralph Butzer. In: Diskus. Frankfurter Studentenzeitung, Heft 3/4, S. 48-54.
(1986b): Die Zerstörung der Sinnlichkeit. Der Beitrag des Christentums zur gegenwärtigen Krise der Symbole – eine kulturwissenschaftliche Analyse. In: Ganoczy, Alexandre (Hg.): Ausdrucksgestaltun-

gen des Glaubens. Zur Frage der Lebensbedeutung der Sakramente. Hohenheimer Protokolle, Stuttgart (Akademie der Diözese Rottenburg-Stuttgart), S. 17-31.
(1986c): Freud, Sigmund. Übersicht der Übertragungsneurosen. Ein bisher unbekanntes Manuskript. Hg. und mit einem Essay versehen von Ilse Grubrich-Simitis. Rezension. In: Psyche. Zeitschrift für Psychoanalyse und ihre Anwendungen, 40. Jg., Heft 12, S. 1163-1166.
(1986d): »... gab mir ein Gott zu sagen, was ich leide« – Emanzipation und Methode. In: Psyche. Zeitschrift für Psychoanalyse und ihre Anwendungen, 40. Jg., Heft 12, S. 1051-1062.
(1986e): Mitten in der Auseinandersetzung. In: Busch, Hans-Joachim; Deserno, Heinrich (Hg.): Sozialforschung und Psychoanalyse als repolitisierende Praxis. Klaus Horn zum Gedenken, Frankfurt am Main (Sigmund-Freud-Institut Frankfurt), S. 53-57.
(1986f): Psychoanalyse als kritische Theorie. In: Schmidt, Alfred; Altwicker, Norbert (Hg.): Max Horkheimer heute. Werk und Wirkung, Frankfurt am Main (Fischer), S. 259-278.
(1986g): Sackgassen. In: Bürger, Christa (Hg.): »Zerstörung, Rettung des Mythos durch Licht«, Frankfurt am Main (Suhrkamp), S. 131-145.
(1986h): Tiefenhermeneutische Kulturanalyse. In: Lorenzer 1986 k, S. 7-112.
(1986i): Zum Widerstandspotential der Psychoanalyse, Reflexionen auf das Beispiel eines unbequemen Analytikers. In: Fragmente. Wissenschaftliches Zentrum für Psychoanalyse, Psychotherapie und Psychosoziale Forschung Kassel. Psychohistorische Beiträge. Schriftenreihe zur Psychoanalyse. Krankheit, Geschichte, Krankengeschichte – Zur Aktualität Alexander Mitscherlichs, Heft 19, S. 185-196.
(1986j): Symbol, Desymbolisierung und Zerstörung der Sinnlichkeit. In: Kunst und Kirche. Religiöse Kunst. Ökumenische Zeitschrift für zeitgenössische Kunst und Architektur. Symbole und Mythen, Heft 1, S. 21-22.

1987

Gemeinsam mit Horn, Klaus (1987a): Vorstellung der Herausgeber. In: Lorenzer 1987 b, S. 7-16.
Gemeinsam mit Horn, Klaus (1987b): Aggression als notwendiger Kampf. In: Brede, Karola; Fehlhaber, Heidi; Lohmann, Hans-Martin; Michaelis, Detlef; Zeul, Mechthild (Hg.): Befreiung zum Widerstand. Aufsätze über Feminismus, Psychoanalyse und Politik.

Margarete Mitscherlich zum 70. Geburtstag, Frankfurt am Main (Fischer), S. 139-147.

1988

(1988a): Freud. Die Natürlichkeit des Menschen und die Sozialität der Natur. In: Psyche. Zeitschrift für Psychoanalyse und ihre Anwendungen, 42. Jg., Heft 5, S. 426-438.

(1988b): Sozialisationstheorie und die Frage nach dem Unbewußten. Vorwort in: Belgrad, Jürgen; Busch, Hans-Joachim; Görlich, Bernhard; Haubl, Rolf; Kalck, Hans-Jürgen (Hg.): Sprache – Szene – Unbewußtes. Sozialisationstheorie in psychoanalytischer Perspektive, Frankfurt am Main (Nexus), S. 7-14.

(1988c): Die Geschichtlichkeit menschlicher Lebensentwürfe. In: Politische Psychologie heute. Leviathan, Sonderheft 9, S. 62-72.

(1988d): Lautlose Genießer der Verhältnisse. Ein Gespräch. In: Psychologie Heute, Heft 3, S. 46-53.

Gemeinsam mit Prokop, Ulrike (1988e): Sadismus und Masochismus in der Literatur, oder: Der Kampf gegen die übermächtige Mutterimago. In: Cremerius, Johannes; Mauser, Wolfram; Pietzcker, Carl; Wyatt, Frederick; Kaempfer, Wolfgang; Renate, Böschenstein, Stierlin, Helm, Prokop, Ulrike; Lorenzer, Alfred; Mahler-Bungers, Annegret (Hg.): Freiburger Literaturpsychologische Gespräche. Bd. 7. Masochismus in der Literatur, Würzburg (Königshausen und Neumann), S. 56-61.

(1988f): Nachbarschaften, Grenzübergänge. In: Vetter Helmuth; Nagl, Ludwig (Hg.): Die Philosophen und Freud. Eine offene Debatte. Wiener Reihe. Themen der Philosophie. Bd. 3, Wien/München (Oldenbourg), S. 250-262.

(1988g): Hermeneutik des Leibes. Über die Naturwissenschaftlichkeit der Psychoanalyse. In: Merkur. Deutsche Zeitschrift für europäisches Denken, 42. Jg., Heft 475/476, S. 838-852.

1989

(1989a): Freud, Sigmund. Gesammelte Werke. Nachtragsband. Texte aus den Jahren 1885-1938. Rezension. In: Psyche. Zeitschrift für Psychoanalyse und ihre Anwendungen, 43. Jg., Heft 9, S. 884ff.

(1989b): Der Zerfall der Universität und die Möglichkeit kritischer Wissenschaft. In: Habermas, Rebekka; Boehlich, Walter; Busch, Günther (Hg.): Der Autor, der nicht schreibt. Versuche über den Büchermacher und das Buch, Frankfurt am Main (Fischer), S. 104-117.

(1989c): Sinnlichkeit, Symbol und Ritual. In: Wege zum Menschen. Monatszeitschrift für Arzt und Seelsorger, Erzieher, Psychologen und soziale Berufe, 41. Jg., Heft 5, S. 260-268.

(1989d): Ein Stück vom Elend der kritischen Kritiker. Zu Thomas Bernhards »Heldenplatz«-Aufführung. In: KulturAnalysen, Bd. 1, S. 77-87.

(1989e): Intimität im Zeitalter der instrumentellen Vernunft. In: Buchholz, Michael B. (Hg.): Intimität. Über die Veränderung des Privaten, Weinheim/Basel (Beltz), S. 25-39.

(1989f): KulturAnalysen, Zeitschrift für Tiefenhermeneutik und Sozialisationstheorie. Hg. von Alfred Lorenzer/Bernard Görlich/Ulrike Prokop, Frankfurt am Main (Fischer/Nexus) 1989-1991.

(1989h): Wie hältst Du's mit der Religion? In: Holl, Adolf (Hg.): Taufschein Katholisch. Prominente antworten auf die Frage: Wie hältst Du's mit der Religion?, Frankfurt am Main (Eichborn), S. 151-153.

1990

(1990a): Die Revolutionsarchitektur und der Zerfall des emanzipatorischen Impulses. Alfred Lorenzer und Annette Busche. In: Wyss, Beat (Hg.): Bildfälle. Die Moderne im Zwielicht. Adolf Max Vogt zum 70. Geburtstag, Zürich/München (Artemis), S. 106-113.

(1990b): Verführung zur Selbstpreisgabe – Psychoanalytisch-tiefenhermeneutische Analyse eines Gedichtes von Rudolf Alexander Schröder. In: KulturAnalysen, Bd. 3, S. 261-277.

1991

(1991a): Der Beitrag der Psychoanalyse zu einer materialistischen Sozialisationstheorie, In: Lutz-Bachmann, Matthias; Schmid Noerr, Gunzelin (Hg.): Kritischer Materialismus. Zur Diskussion eines Materialismus der Praxis. Für Alfred Schmidt zum 60. Geburtstag, München/Wien (Hanser), S. 322-336.

(1991b): Der Symbolbegriff und seine Problematik in der Psychoanalyse. In: Oelkers, Jürgen; Wegenast, Klaus (Hg.): Das Symbol – Brücke des Verstehens, Stuttgart/Berlin/Köln (Kohlhammer), S. 21-30.

(1991c): Psychoanalyse zwischen Rationalität und Irrationalität. In: Nagl, Ludwig; Vetter, Helmuth; Leupold-Löwenthal Harald (Hg.): Philosophie und Psychoanalyse, Frankfurt am Main (Psychosozial), S. 21-30.

1997

Gemeinsam mit Görlich, Bernard (1997): Einleitung zu Sigmund Freud – Das Unbehagen in der Kultur und andere kulturtheoretische Schriften, Frankfurt am Main (Fischer), S. 133-161.

Herausgaben

1973

Gemeinsam mit Horn, Klaus (Hg.) (1973f): Das Elend der Psychoanalyse-Kritik. Beispiel Kursbuch 29. Subjektverleugnung als politische Magie. Sozialwissenschaftliche Sonderserie. Psychoanalyse als Sozialwissenschaft, Frankfurt am Main (Athenäum).

1975

Gemeinsam mit Horn, Klaus (Hg.) (1975d): Johann August Schülein. Das Gesellschaftsbild der Freudschen Theorie. Psychoanalyse als Sozialwissenschaft, Frankfurt am Main (Campus).

1976

Gemeinsam mit Horn, Klaus (Hg.) (1976e): Siegfried Zepf. Die Sozialisation des psychosomatisch Kranken. Psychoanalyse als Sozialwissenschaft, Frankfurt am Main (Campus).

Gemeinsam mit Horn, Klaus (Hg.) (1976f): Siegfried Zepf. Grundlinien einer materialistischen Theorie psychosomatischer Erkrankungen. Psychoanalyse als Sozialwissenschaft, Frankfurt am Main (Campus).

Gemeinsam mit Horn, Klaus (Hg.) (1976g): Thomas Leithäuser. Formen des Alltagsbewußtseins. Psychoanalyse als Sozialwissenschaft, Frankfurt am Main (Campus).

1977

Gemeinsam mit Horn, Klaus (Hg.) (1977l): Ellen Katharina Reinke. Leiden schützt vor Strafe nicht. Soziotherapeutische Erfahrungen mit den Gefangenen. Psychoanalyse als Sozialwissenschaft, Frankfurt am Main (Campus).

Gemeinsam mit Horn, Klaus (Hg.) (1977m): Sibylle Paulsen. Lernstörungen bei Kindern. Psychoanalyse als Sozialwissenschaft, Frankfurt am Main (Campus).

1978

Gemeinsam mit Horn, Klaus (Hg.) (1978e): Norman Elrod, Rudolf Heinz, Helmut Dahmer. Erikson, die Ich-Psychologie und das Anpassungsproblem. Psychoanalyse als Sozialwissenschaft, Frankfurt am Main (Campus).

1979

Gemeinsam mit Horn, Klaus (Hg.) (1979h): Johann August Schülein. Das Gesellschaftsbild der Freudschen Theorie. Psychoanalyse als Sozialwissenschaft, Frankfurt am Main (Campus).

Gemeinsam mit Horn, Klaus (Hg.) (1979i): Thomas Leithäuser. Formen des Alltagsbewußtseins. Psychoanalyse als Sozialwissenschaft, Frankfurt am Main (Campus).

1981

Gemeinsam mit Horn, Klaus (Hg.) (1981j): Siegfried Zepf. Psychosomatische Medizin auf dem Weg zur Wissenschaft. Psychoanalyse als Sozialwissenschaft, Frankfurt am Main (Campus).

Gemeinsam mit Horn, Klaus (Hg.) (1981k): Christian Niemeyer. Kritische Psychologie und Psychoanalyse. Therapie, Theorie, Politik. Psychoanalyse als Sozialwissenschaft, Frankfurt am Main (Campus).

1986

(Hg.) (1986k): Kultur-Analysen. Mit Beiträgen von Hans-Dieter König, Alfred Lorenzer, Heinz Lüdde, Søren Nagbøl, Ulrike Prokop, Gunzelin Schmid Noerr/Annelinde Eggert. Psychoanalytische Studien zur Kultur. Bd. 1, Frankfurt am Main (Fischer).

1987

Gemeinsam mit Horn, Klaus (Hg.) (1987c) Norman Elrod, Rudolf Heinz, Helmut Dahmer. Erikson, die Ich-Psychologie und das Anpassungsproblem. Psychoanalyse als Sozialwissenschaft, Frankfurt am Main (Campus).

1991

(Hg.) (1991d): Ulrike Prokop. Die Illusion vom großen Paar. Bd. 1. Weibliche Lebensentwürfe im deutschen Bildungsbürgertum 1750-1770. Psychoanalytische Studien zur Kultur, Frankfurt am Main (Fischer).

(Hg.) (1991e): Ulrike Prokop. Die Illusion vom großen Paar. Bd. 2. Das Tagebuch der Cornelia Goethe. Psychoanalytische Studien zur Kultur, Frankfurt am Main (Fischer).

(2) Weitere Sekundärliteratur zu Alfred Lorenzer (Auswahl)

Abraham, Anke (2006): Der Körper als Speicher von Erfahrung. Anmerkungen zu übersehenen Tiefendimensionen von Leiblichkeit und Identität. In: Gugutzer, Robert (Hg.): Body turn. Perspektiven der Soziologie des Körpers und des Sports, Bielefeld (transcript), S. 119-139.

Belgrad, Jürgen, Görlich, Bernard, König, Hans-Dieter, Schmid Noerr, Gunzelin (1987): Zur Idee einer psychoanalytischen Sozialforschung. Dimensionen szenischen Verstehens. Frankfurt a. M. (Fischer).

Frogett, Lynn; Hollway, Wendy (2010): Psychosocial research analysis and scenic understanding. In: Psychoanalysis, Culture and Society, 15. Jg., Heft 3, S. 281-301.

Görlich, Bernard (2013): Über die Widerständigkeit des Subjekts. Alfred Lorenzers Auslegung der Freud'schen Erkenntnis des Unbewussten. In: Reinke, Ellen (Hg.): Alfred Lorenzer. Zur Aktualität seines interdisziplinären Ansatzes, Gießen (Psychosozial), S. 109-138.

Haubl, Rolf; Schülein, Johann August (2016): Psychoanalyse und Gesellschaftswissenschaften. Wegweiser und Meilensteine eines Dialogs, Stuttgart (Kohlhammer), S. 187-212.

Haubl, Rolf; Lohl, Jan (2017): Tiefenhermeneutik als qualitative Methode. In: Mey, Günter; Mruck, Katja (Hg.): Handbuch Qualitative Forschung in der Psychologie, Wiesbaden (Springer), S. 1-22.

Hollway, Wendy; Volmerg, Birgit (2010): Interpretation group method in the Dubrovnik tradition. International Research Group for Psycho-Societal Analysis. URL: http://oro.open.ac.uk/34374/ (Zugegriffen: 7. Dezember 2016).

Klein, Regina (2013): Tiefenhermeneutische Analyse. In: Friebertshäuser, Barbara; Langer, Antje; Prengel, Annedore (Hg.): Handbuch qualitative Forschungsmethoden in der Erziehungswissenschaft, Weinheim/Basel (Beltz), S. 263-281.

König, Hans-Dieter (1995): Tiefenhermeneutische Rekonstruktion einer politischen Masseninszenierung – zugleich eine Kritik der psychohistorischen Subsumtionslogik von Lloyd deMause. In: S.

Zepf Hg.): Diskrete Botschaften des Rationalen, S. 247-284.. Göttingen (Vandenhoeck&Ruprecht).
König, Hans-Dieter (1996): Methodologie und Methode der tiefenhermeneutischen Kultursoziologie in der Perspektive von Adornos Verständnis kritischer Sozialforschung. In: H.-D. König, Hg., Neue Versuche, Becketts *Endspiel* zu verstehen. Sozialwissenschaftliches Interpretieren nach Adorno. Frankfurt a. M., S. 314-387.
König, Hans-Dieter (2001): Pädagogische und politische Praktiken eines scheiternden Umgangs mit der Shoah in der Regierungszeit Helmut Kohls. In: K. Grünberg, J. Straub (Hg.): Unverlierbare Zeit. Psychosoziale Spätfolgen des Nationalsozialismus bei Nachkommen von Opfern und Tätern, S. 119-150. Tübingen (edition diskord) 2001.
König, Hans-Dieter (2003): Psychoanalyse jenseits der Couch. Alfred Lorenzers Methode psychoanalytischer Kulturforschung. In: A. Gerlach, A. M. Schlösser, A. Springer (Hg.): Psychoanalyse mit und ohne Couch. Haltung und Methode, S. 334-359. Gießen (Psychosozial-Verlag).
König, Hans-Dieter (2012): Psychoanalyse und Kritische Theorie. Zum Nutzen psychoanalytischer Politischer Psychologie. In: A. Springer, B. Janta, K. Münch (Hg.): Nutzt Psychoanalyse?! Gießen (Psychosozial-Verlag), 47-64.
König, Hans-Dieter (2014): Alfred Lorenzer: Das Konzil der Buchhalter. In: S. Salzborn, Hg., Klassiker der Sozialwissenschaften. 100 Schlüsselwerke im Portrait. Wiesbaden (Springer), 288-291.
König, Hans-Dieter (2016): Alfred Lorenzers Rekonstruktion der Psychoanalyse. Zugleich eine tiefenhermeneutische Reinterpretation von Lacans Spiegelstadium. In: Robert Heim, Emilio Modena (Hrsg.): Jacques Lacan trifft Alfred Lorenzer. Über das Unbewusste und die Sprache, den Trieb und das Begehren, 33-66. Gießen (Psychosozial-Verlag).
König, Hans-Dieter (Hg.)(1998a): Sozialpsychologie des Rechtsextremismus. Frankfurt a. M. (Suhrkamp).
Morgenroth, Christine (2010): The research relationship, enactments and »counter-transference« analysis. On the significance of scenic understanding. In: Psychoanalysis, culture & society, 15. Jg., Heft Nr. 3, S. 267-280.
Niedecken, Dietmut (2008): Szene und Containment. Wilfred Bion und Alfred Lorenzer. Ein fiktiver Dialog. Marburg (Tectum).
Schmid Noerr, Gunzelin (1987): Der Wanderer über dem Abgrund. Eine Interpretation des Liedes ›Gute Nacht‹ aus dem Zyklus Winterreise von Franz Schubert und Wilhelm Müller. Zum Verstehen

von Sprache und Musik. In: Zur Idee einer psychoanalytischen Sozialforschung. Hg. von Jürgen Belgrad, Bernard Görlich, Hans-Dieter König und Gunzelin Schmid Noerr. Frankfurt a. M. (Fischer), S. 367-379.

Schmid Noerr, Gunzelin (1997): Symbolik des latenten Sinns. Zur psychoanalytischen Symboltheorie nach Alfred Lorenzer. In: Psyche, 54. Jg., Heft 5, Mai 2000, S. 454-482.

Schmid Noerr, Gunzelin (2003): Zur Sozialisation der Gefühle. In: Sprache, Sinn und Unbewußtes. Zum 80. Geburtstag von Alfred Lorenzer, hg. von Hans-Joachim Busch, Marianne Leuzinger-Bohleber, Ulrike Prokop, Tübingen (edition diskord), S. 113-132.

Schmid Noerr, Gunzelin (2014): Den Schmerz wegsprechen, das Leiden beredt werden lassen. Psychoanalyse als kritische Theorie – Alfred Lorenzer. In: Inszenierungen des Unbewussten in der Moderne. Alfred Lorenzer heute. Hg. von Elisabeth Rohr., Marburg (Tectum), S. 9-27.

Schmid Noerr, Gunzelin, Annelinde Eggert (1986): Die Herausforderung der Corrida. Über den latenten Sinn eines profanen Rituals. In: Kultur-Analysen. Psychoanalytische Studien zur Kultur, hg. von Alfred Lorenzer, Frankfurt a. M. (Fischer), S. 99-162.

Winter, Sebastian (2014): Das Unbewusste sitzt im Fleisch. Einige psychoanalytisch-sozialpsychologische Überlegungen zum affective turn in der Geschlechterforschung. In: Freiburger Zeitschrift für Geschlechterstudien, 20. Jg., Heft 2, S. 43-58.

Wollenhaupt, Jonas (2018): Die Entfremdung des Subjekts. Zur kritischen Theorie des Subjekts nach Pierre Bourdieu und Alfred Lorenzer. Bielefeld (Transcript).

(3) Texte zu Alfred Lorenzers Mitgliedschaft in der NSDAP

Da die Einführung ursprünglich einen biographischen Abriss zu Alfred Lorenzer enthalten sollte (der aber am Ende den Rahmen dieses Bandes gesprengt hätte), kam in unserer Forschergruppe ein Gespräch darüber zustande, dass wir nichts über Lorenzers Vergangenheit im Dritten Reich wissen. Als aufgrund dieses Unwissens Sebastian Winter recherchierte, stießen wir auf Lorenzers verschwiegene Mitgliedschaft in der NSDAP, eine Entdeckung, die wir dann publiziert und in Anschluss an die wir zu einer öffentlichen Diskussion eingeladen haben, die noch nicht abgeschlossen ist.

Brunner, Markus; König, Hans-Dieter; König, Julia; Lohl, Jan; Winter, Sebastian (2017): Alfred Lorenzer im Nationalsozialismus. Einladung zur öffentlichen Diskussion. In: Freie Assoziation. Zeitschrift für psychoanalytische Sozialpsychologie, 20. Jg. Heft 1, S. 129-131.

Görlich, Bernard; Lüdde, Heinz (2018): »Aber etwas fehlt«. Drei Anmerkungen zu »Alfred Lorenzer im Nationalsozialismus«. In: Freie Assoziation. Zeitschrift für psychoanalytische Sozialpsychologie, 21. Jg., Heft 1, S. 111-117.

Heim, Robert (2018): »Sprache und Schweigen«. Anmerkungen zu Alfred Lorenzers Mitgliedschaft in der NSDAP. In: Freie Assoziation. Zeitschrift für psychoanalytische Sozialpsychologie, 21. Jg., Heft 1, S. 120-125.

Karlson, Martin (2019): Fragen und Reden, Schweigen und Vergessen. Bruchstücke zu Alfred Lorenzers (Über-)Lebensgeschichte im NS-Staat. In: Freie Assoziation. Zeitschrift für psychoanalytische Sozialpsychologie, 22. Jg., Heft 2, S. 115-126.

König, Hans-Dieter (2019): Innere Emigration und beruflicher Ehrgeiz. Szenische Rekonstruktion der möglichen Bedeutung von Alfred Lorenzers Eintritt in die NSDAP. Zugleich eine Erwiderung auf die Kritik von Robert Heim. In: Freie Assoziation. Zeitschrift für psychoanalytische Sozialpsychologie, 22. Jg., Heft 1, S. 84-95.

Möhring, Julian (2018): Erschütterte Szene. In: Freie Assoziation. Zeitschrift für psychoanalytische Sozialpsychologie, 21. Jg., Heft 1, S. 125-127.

Schüßler, Michael (2018): Den Widerspruch auflösen? Fragen und Anmerkungen zur kürzlich bekannt gewordenen NSDAP-Mitgliedschaft von Alfred Lorenzer. In: Freie Assoziation. Zeitschrift für psychoanalytische Sozialpsychologie, 21. Jg., Heft 1, S. 117-120.

Waldeck, Ruth (2019): »… Dinge, über die man besser nicht mehr spricht…«. Erinnerungen und Überlegungen zu Lorenzers Schweigen. In: Freie Assoziation. Zeitschrift für psychoanalytische Sozialpsychologie, 22. Jg., Heft 1,S. 95-105.

Angaben zu der Autorin und den Autoren

König, Hans-Dieter, Prof. Dr. phil., hat an der Johann Wolfgang Goethe-Universität Frankfurt am Main Soziologie gelehrt. Er hat im WS 2020/21 eine Gastprofessur am Institut für Bildungswissenschaft der Universität Wien inne. Er ist Mitbegründer der Forschungswerkstatt Tiefenhermeneutik, Permanent Fellow des Hans Kilian und Lotte Köhler Centrums an der Ruhruniversität Bochum und Mitherausgeber der Schriftenreihe *Kritische Sozialpsychologie* bei Springer VS. Zudem praktiziert er als Psychologischer Psychotherapeut und Psychoanalytiker in Dortmund.

König, Julia, Prof. Dr. phil., lehrt an der Johannes Gutenberg-Universität Mainz und arbeitet zu Fragen der kritischen Theorie sowie feministischer, postkolonialer und der Kindheitsforschung. Sie ist Mitbegründerin der Forschungswerkstatt Tiefenhermeneutik und des AK Sexualgeschichte, Koordinatorin der AG Politische Psychologie an der Universität Hannover sowie Mitherausgeberin der *Freien Assoziation. Zeitschrift für psychoanalytische Sozialpsychologie* und des *Childhood Vulnerability Journal*.

Lohl, Jan, Prof. Dr. phil, Sozialwissenschaftler und Supervisor (DGSv), forscht und lehrt an der Katholischen Hochschule Mainz, an der er das Institut für Fort- und Weiterbildung leitet. Seine Arbeitsschwerpunkte sind psychoanalytische Sozialpsychologie, Psychoanalyse und qualitative Forschung, psychodynamisch-systemische Beratung und Organisationsanalyse sowie Rechtsextremismus, Antisemitismus- und Nationalismusforschung. Er ist Mitbegründer der Arbeitsgemeinschaft Politische Psychologie an der Universität Hannover und der Forschungswerkstatt Tiefenhermeneutik sowie Mitherausgeber der Zeitschriften *Freien Assoziation. Zeitschrift für psychoanalytische Sozialpsychologie* und der *psychosozial*.

Winter, Sebastian, Prof. Dr. phil., hat in Hannover Sozialpsychologie, Soziologie, Geschichte und Gender Studies studiert und verwaltet derzeit eine Professur für Heilpädagogik an der

Hochschule Hannover. Er ist Mitbegründer der Arbeitsgemeinschaft Politische Psychologie an der Universität Hannover und der Forschungswerkstatt Tiefenhermeneutik sowie Mitherausgeber der Zeitschrift *Freie Assoziation. Zeitschrift für psychoanalytische Sozialpsychologie.*